KB083180

나운규

글 **조희문**

이 책을 쓴 조희문 선생님은 경북 상주에서 태어났고, 어릴 때부터 영화에 관련된 광고, 사진, 책들을 모으며 영화에 흥미를 가져왔습니다. 한양대학교 연극영화과를 졸업하고, 중앙대학교 대학원에서 우리나라에서는 처음으로 영화학 박사학위를 받았습니다.
경인일보사에서 기자로 일하다가 상명대학교 영화과 교수가 되었습니다.
영화진흥위원회 위원장, 한국영화학회 회장 등을 맡기도 했으며, 지금은 인하대학교 연극영화과 교수로 있습니다.

나운규 한국 영화의 개척자

처음 찍은 날 | 2013년 12월 5일
처음 펴낸 날 | 2013년 12월 10일

지은이 | 조희문

펴낸이 | 김태진
펴낸곳 | 도서출판 다섯수레
등록일자 | 1988년 10월 13일
등록번호 | 제 3-213호
주소 | 경기도 파주시 문발동 파주출판도시
　　　500-12 (우 413-832)
전화 | 02)3142-6611(서울 사무소)
팩스 | 02)3142-6615
홈페이지 | www.daseossure.co.kr

ⓒ 조희문, 2013

ISBN 978-89-7478-385-3　44990
ISBN 978-89-7478-334-1(세트)

■ 이 도서의 국립중앙도서관 출판시도서목록(CIP)은 e-CIP홈페이지(http://www.nl.go.kr/ecip)와
　국가자료공동목록시스템(http://www.nl.go.kr/kolisnet)에서 이용하실 수 있습니다.
　(CIP제어번호: 2013024104)

■ 그림 게재를 허락해 주신 모든 분께 감사드립니다. 저작권자와 연락이 닿지 않아
　허락을 구하지 못한 그림에 대해서는 확인되는 대로 적법한 절차를 따르겠습니다.

나운규

한국 영화의 개척자

조희문 지음

다섯수레

반갑습니다. 영화에 관심이 많으신가요?

요즘 우리 영화를 좋아하는 사람들이 많아졌습니다. 아마 이 책을 읽는 분들 가운데에는 우리 영화는 늘 그래왔었다고 생각하는 분도 계실 것입니다. 요즈음은 영화관에서도 외국영화보다 우리 영화를 상영하는 횟수가 많아지고 있습니다. 어느 영화를 얼마나 많은 사람들이 보았는가를 가리는 흥행결과도 외국영화에 비해 우리 영화의 흥행수치가 월등이 높아진 것을 보아도 우리 영화에 대한 관심도가 얼마나 높아졌는지를 알 수 있습니다. 이런 현상은 나이가 어린 사람들일수록 지금 보고 듣는 영화가 우리 영화에 대한 인식의 전부라고 생각할 가능성이 더 많습니다. 어린 사람들일수록 처음부터 오늘날 상영되고 있는 수준의 영화를 보면서 자랐으니까요. 하지만 세상의 모든 일은 시작이 있고 과정이 있으며 결과가 있습니다. 아무런 준비 없이 결과를 기대할 수는 없습니다. 과정이 없다면 결과 또한 없습니다.

우리 영화의 시작도 마찬가지였습니다. 영화 한편을 제대로 만들기 위해서는 이야기를 꾸미거나(시나리오) 등장인물을 표현하고(연기), 영상을 만드는(촬영, 편집 등) 여러 가지 과정은 물론, 많은 비용(제작비)이 필요합니다. 그렇게 만든 영화를 편안하고 여유롭게 볼 수 있는 장소(영화관)도 있어야 합니다. 물론 영화를 좋아하고 응원하는 관객도 필요하고요. 오랫동안 우리 영화는 그런 여건들이 없거나 모자란 때가 많았습니다. 외국영화들과의 경쟁에서도 많이 부족했고요. 그러니까 요즘 우리영화가 많은 사람들의 관심과 사랑을 받고 있다는 것은 수많은 어려움을 견디며 이겨낸 결과라고 할 수 있겠지요. 우리 대한민국이 갖가지 어려움과 위기를 극복하고 발전한 나라가 된 것처럼요.

나운규는 우리 영화가 처음 시작될 무렵에 영화발전을 위해 온 힘을 기울였습니다. 영화에 종사한 사람들이 많았지만 특히 나운규는 각본, 감독은 물론 배우로서 1인 3역을 맡아 종횡무진으로 활약하는 등 나운규의 영화에 대한 열정은 많은 사람에게 감동과 용기를 주었습니다. 오늘의 우리 영화가 자랑스럽게 꽃필 수 있는 바탕을 만든 것이지요. 그를 가리켜 '한국영화의 개척자' '한국영화의 영웅'이라고 부르는 이유입니다. 오래 전에 활동했고, 이 세상에 살지 않는 분이지만 자신이 하고자 하는 일에 열정을 기울이고, 그 일로 자신의 꿈을 이루어가는 과정은 지금의 우리들 모두가 본받아야 할 가르침이 될 것이라고 생각합니다. 이 책을 읽으며 자신의 일을 사랑하며 최선의 노력을 다하는 나운규라는 인물의 혼적을 따라 가는 일이 우리 영화의 뿌리와 바탕을 찾아가는 일이 되기를 기대합니다.

2013년 11월 조희문

차례 contents

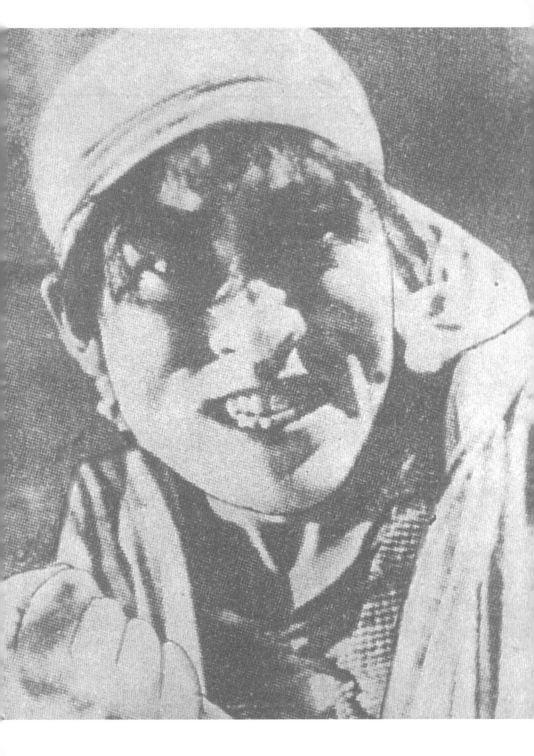

〈아리랑〉과 나운규

아리랑 아리랑 아라리요, 아리랑 고개로 넘어간다
나를 버리고 가시는 님은 십 리도 못 가서 발병 난다.

한국 사람이라면 누구나 알고 있는 노래 〈아리랑〉은 영화 〈아리랑〉 덕분에 널리 퍼졌습니다. 영화의 주제곡으로 사용되면서 유행처럼 번져 나갔고, 오랜 시간이 지난 지금은 우리나라를 대표하는 노래가 되었습니다.

영화 〈아리랑〉은 한국 영화 가운데 처음으로 관객들의 열광과 지지를 받은 것으로 평가받고 있습니다. 1926년 10월 1일에 상영을 시작한 것을 계기로 '아리랑 바람'을 일으켰습니다. 관객들은 영화를 보면서 가슴 저리는 감동을 느꼈고, 주제가로 사용된 〈아리랑〉은 널리 퍼져 나가 유행이 되었습니다. 영화 한 편이 이처럼 거센 바람을 일으킨 것은 처음 있는 일이었고, 우리나라 영화가 그런 위력을 가진 사실에 모두 놀랐습니다. 우리 영화가 새롭게 태동하는 과정에서 이정표 역할을 한 것입니다. 당시 우리나라 영화는 겨우 걸음마를 시작하는 무렵이었는데 관객들은 이 영화를 보면서 감동을 받았고, 외국 영화에 견주어도 좋을 만큼 잘 만들었다는 자신감을 가졌습니다.

〈아리랑〉의 열풍 속에서 영화 주인공인 미치광이 청년으로 등장한 남자 배우에게 쏠린 눈길은 더욱 특별했는데, 그가 바로 나운규입니다. 나운규는 영화 속 주인공 '최영진'을 연기했는데, 실제로 미친 사람 같은 인상을 줄 정도로 인상적인 연기를 펼쳤습니다. 대학에 다니다가 정신 분열증을 앓아 공부를 계속할 수 없게 된 영진은 하는 수 없이 고향으로 돌아와 말썽꾸러기 취급을 받으며 세월을 보내고 있는 처지였습니다.

사람들이 이 영화를 보고 놀라기도 하고 감동하면서 반긴 것은 이전까지 보았던 우리나라 영화와는 느낌이나 인상이 크게 달랐기 때문입니다. 이야기의 짜임새나 배우들의 연기, 흥미나 감동이 이전 영화와는 비교할 수 없을 정도로 좋았습니다. 우리 영화가 비로소 영화다운 모습을 갖춘 것입니다.

나운규는 〈아리랑〉이 주목받는 데 크게 기여했고, 〈아리랑〉 덕분에 유명한 영화인이 되었습니다. 그가 세상을 떠나는 1937년까지 10여 년 동안 그의 활동이 곧 당시 영화계의 활동이라고 할 정도로 나운규는 배우, 감독, 제작자 등 여러 분야에서 의욕적인 활동을 펼쳤습니다. 나운규는 1925년 〈운영전〉에 단역 배우로 처음 출연한 뒤 1937년 마지막 영화인 〈오몽녀〉를 감독하기까지 모두 27편의 영화에 출연하거나 감독을 맡았습니다. 12년 동안 한 해 평균 두세 편의 영화를 만든 셈인데, 당시 영화계에서 그처럼 많은 영화에서 활동을 한 사람은 나운규밖에 없었습니다.

그렇지만 나운규가 영화계에서 활동하는 동안 늘 편안하고 행복했던 것은 아닙니다. 당시는 사회적으로 영화에 대한 이해가 낮았고, 영화를 만들 수 있는 기반도 매우 빈약한 상태였던 탓에 어려움을 겪을 때가 더 많았습니다. 제작비를 구하기가 쉽지 않았고, 필요한 장비와 기술을 갖추는 일도 어려웠습니다. 특히 우리나라를 강제로 지배하고 있던 일본은 나운규의 영화가 식민지 통치를 비판하며 조선의 독립을 부추기는 역할을 할지도 모른다고 우려했습니다. 그래서 조선총독부는 더욱 까다롭게 감시하고 검열하면서 통제의 손길을 늦추지 않았습니다.

일본이 우리나라를 강제로 통치하던 때의 조선총독부 건물

　나운규는 그러한 현실에 꺾이지 않으면서 불같은 의지와 신념으로 영화 만드는 일에 집중했습니다. 나운규는 작품성이 높은 영화, 스스로 만족할 수 있는 영화를 만들고 싶었습니다. 그래서 관객들과 함께 웃고 울 수 있는 영화를 만들겠다는 기대와 집념으로 스스로를 지켜 갔습니다.

새 바람을 일으킨 〈아리랑〉

한국 영화사상 가장 높은 평가를 받는 영화를 꼽는다면 〈아리랑〉을 뛰어넘는 경우를 찾기 어려울 것입니다. 최근의 우리 영화 중에서도 크게 흥행했거나 좋은 평가를 받으며 주목받은 경우가 많지만 어려운 시절에 등장한 〈아리랑〉과는 비교하기 어렵습니다. 그만큼 〈아리랑〉은 무성영화 시대는 물론이고 오늘날까지 한국 영화를 대표하는 하나의 상징처럼 통하고 있습니다. 더불어 이 영화에 주연으로 출연하고 각본까지 쓴 나운규의 명성도 전설처럼 남아 있습니다. 제작 당시에서부터 오늘날에 이르기까지 한결같은 평가를 받고 있는 작품도 〈아리랑〉을 능가하는 경우를 보기 어렵습니다.

〈아리랑〉은 '조선키네마프로덕션'에서 제작한 작품입니다. 요도 도라조(淀虎藏)라는 일본인이 1926년에 설립한 이 영화

13

사는 첫 번째 영화로 〈농중조〉를 만들었습니다. 일본에서 연극으로 널리 알려진 작품을 우리나라 사정에 맞게 고쳐서 영화로 만든 것입니다. 나운규도 이 영화에 배우로 출연했습니다. 영화는 상당한 인기를 얻었고, 회사는 큰 자신감을 얻었습니다. 영화 제작은 투자할 만한 가치가 충분한 사업이고, 영화사가 보유하고 있는 인력과 역량으로도 사업성이 있다는 사실을 확인한 것입니다.

그 같은 자신감과 기대를 가지고 두 번째로 만든 영화가 바로 〈아리랑〉입니다. 나운규가 대본을 쓰고, 주연도 맡았습니다. 그의 상대역을 맡은 여배우는 '신홍련', 훗날 '신일선'이라는 이름으로 더 알려진 신인 배우였습니다.

영화는 어느 농촌 마을을 배경으로, 미치광이 청년 영진과 여동생, 그의 친구, 마을 사람들을 괴롭히는 부잣집의 관리인 사이에서 벌어지는 이야기를 다루고 있습니다. 마을을 휘젓고 다니는 실성한 청년 영진, 그런 영진을 바라보며 안타까워하는 아버지와 동생 영희, 동네 부잣집 마름 일을 보고 있는 오기호, 서울에서 공부하다 방학을 맞아 고향으로 돌아온 영진의 친구 현구가 등장합니다. 오기호는 빚을 갚으라며 영진의 아버지를 채근하는 한편으로 영희를 탐냅니다. 영희를 아내로 준다면 빚을 대신 갚아 줄 수 있다고 회유합니다. 하지만 성격이 거칠고 무례한 행동으로 마을 사람들을 괴롭히며 다니는 탓에 영희도, 영희의 아버지도 오기호를 싫어합니다. 그럴수록 오기호는 영진의 가족을 더욱 괴롭힙니다. 추수가 끝나고 풍년 잔치가 열리는 날, 마을 사람들이 흥에 겨워 즐거운 시간을 보내고 있을 때 오기호는 혼자 집에 있던 영희를 위협하며 자신의 말을 들으라고 윽박지릅니다. 이 모습을 보게 된 영진은 오기호에게 달려들어 싸움을 벌이던 끝에 뜻하지 않게 그를 죽이게 됩니다. 갑작스러운 충격으로 제정신을 찾은 영진은 몹시 당황하지만 이미 사태는 돌이킬 수 없는 지경이 되고 말았습니다. 흥겹던 마을은 갑자기 혼란에 빠지고, 영진은 체포되어 아리랑 고개를 넘어가게 됩니다. 마을 사람들은 끌려가는 영진의 모습을 보면서 기구한 운명의 애절함을 안타까워합니다. 누가 먼저랄 것도 없이 모두 '아리랑'을 부르며 끌려가는 영진을 위로합니다.

이 영화는 다른 영화에 비해 뛰어난 현실감을 보여 주었습니다. 앞서 나온 〈농중조〉나 〈장한몽〉 같은 영화들이 다루었던 청춘남녀의 사랑 이야기와는 소재나 분위기가 확연히 달랐습니다. 누구나 공감할 수 있는 당시 농촌 현실을 배경으로 삼았고, 영화의 구성도 사실감과 함께 빠른 속도와 긴장감을 적절하게 담았습니다. 이전의 다른 영화들에 비해 관객의 공

1926년에 제작된 나운규의 대표작 〈아리랑〉의 한 장면

감을 일으킬 만한 부분이 많은 작품이었습니다. 무엇보다도 미치광이 역할을 맡은 나운규의 연기는 관객에게 강렬한 인상을 주었습니다. 당시 신문에 실린 영화 평을 보아도 그 같은 분위기를 엿볼 수 있습니다.

이 영화는 첫째 역할이 적재적소를 얻은 것이 성공의 큰 원인을 지었으니 감독자의 고심을 엿볼 수 있다. 나운규, 신홍련,

주인규, 남궁운, 이규설 등은 각기 독특한 동작과 개성을 표현하였다. 장면은 거의 다 선명하였으며 특히 사막의 장면은 전 조선 영화를 통하여 가장 우수한 장면이라 하겠다. 나운규 군의 표정은 동양 사람으로는 거의 볼 수 없을 만치 선이 굵고 강정(剛正)하여 미국 배우 '더스틴 퍼(남)'와 같은 굳센 인상을 주는데, 조선 영화배우 중 제일인자라 하여도 과언은 아닐 것이다. 〈동아일보〉, 1926년 10월 7일.

〈아리랑〉은 이전의 어떤 작품도 거둔 적이 없던 성공을 거두었습니다. 당시 사회 현실을 그대로 반영한 듯한 농촌 풍경과 사람들의 생활이 묘사되어 있는 데다 이야기를 풀어낸 솜씨와 재미, 눈길을 붙잡는 긴장감을 더함으로써 관객들로부터 열띤 호응을 받았습니다.

아쉽게도 필름이 사라져 버려 이제는 다시 볼 수 없기 때문에 기술이나 기법이 다른 영화들에 비해 얼마나 뛰어났는가를 확인할 수는 없습니다. 그러나 영화가 관객들의 감동을 일으키면서 크게 관심을 모은 것은 분명합니다. 그때 영화를 본 사람들이 전하는 감동과 놀라움, 그것을 전하는 신문이나 잡지 등에 실린 글을 참고하여 살펴보면 한국 영화 중에서는 첫손에 꼽을 만큼 뛰어난 작품으로 평가받고 있습니다.

무엇보다도 가난한 농촌 현실을 배경으로 삼고 있었던 점이 관객의 관심을 끌었고 부잣집 마름이 주인의 힘을 빌려 가난한 농민을 괴롭히는 모습에서 식민지 시대의 현실을 어렴풋하게나마 떠올릴 수 있었습니다. 주인공 영진이가 정신이 어지러운 가운데서도 마을 사람들을 구박하고 괴롭히는 인물을 응징하는 행동을 보면서 후련함을 느꼈고, 그 때문에 경찰관에게 잡혀 아리랑 고개를 넘어가는 모습에서 슬픔을 느꼈습니다. 마치 실제 현실에서 보고 겪는 일들을 그대로 느끼는 것처럼 보는 사람의 가슴을 달래 주는 영화의 힘은 놀라운 것이었습니다.

　그 같은 성공 중에서도 돋보이는 부분은 주인공 영진 역을 맡은 나운규의 연기였습니다. 이 영화를 이끌어 가는 중심이 그였다고 해도 지나친 말이 아닙니다. 나운규는 이 영화의 이야기를 구상하기도 했지만 자신의 개성과 능력을 최대한 보여 줄 수 있는 역할을 찾아낸 것입니다.

　영화에 대해서는 더러 비판적인 지적을 하는 경우도 있었지만 그의 연기에 대해서는 한결같이 높이 평가했습니다. 지금까지 등장한 우리 배우 중 가장 뛰어나다는 말이 나올 정도였으니 그의 연기가 관객에게 얼마나 강렬한 인상을 주었는지 짐작하고도 남습니다.

이런 요소들이 겹치면서 〈아리랑〉은 '볼 만한 영화'로 주목받았고 나운규는 배우로서 확고부동한 이미지를 다질 수 있었습니다. 시간이 지나면서 〈아리랑〉은 점점 인기를 더해 갔습니다. 극장 상영은 물론이고 여러 사회단체가 펼치는 사업의 홍보 프로그램으로 이용되는 경우도 많았습니다.

전 조선 각지에서 흥행을 하여 도처마다 큰 성공을 이룬 영화
〈동아일보〉, 1927년 2월 9일.
여러 차례 상영하여도 인기는 그대로 올라가는 영화
〈조선일보〉, 1927년 10월 21일.
지금까지의 조선 영화 중에서는 가장 좋은 것
〈매일신보〉, 1928년 4월 3일.
볼수록 더욱 감흥을 일으키는 영화, 조선 영화계의 자랑거리
〈동아일보〉, 1928년 4월 3일.

〈아리랑〉에 쏟아지는 찬사는 끝날 줄 몰랐습니다. 시간이 지날수록 인기는 더욱 높아갔습니다. 영화계에 몸담은 사람이라면 누구나 꿈꾸었을 일을 나운규는 현실로 이룬 것입니다. 감동스럽고도 자랑스러웠습니다. 첫 상영으로부터 4년이 지난 뒤 나운규는 그 같은 성공에 대한 감회를 밝히는 글을

통해 다음과 같이 심경의 단면을 내보이고 있습니다.

〈아리랑〉에 대하여는 벌써 신문이나 잡지에 여러 번 비평이 났으므로 그에 대한 말은 하지 않겠습니다. 다만 4년 전에 처음 서울 단성사에서 상영한 후 오늘까지 평양, 대구, 부산 등 주요 각 도시에서 16회나 상영이 되었다 하는 터인즉 나로서는 도리어 팬 여러분의 지지가 이렇듯 대단한 것에 대하여 송구한 마음을 금할 길이 없을 뿐입니다. 지금에 이르러 생각나는 것은 〈아리랑〉을 촬영할 때에 온몸이 끓어오르던 것을 기억합니다. 이 작품이 세상에 나아가 돈이 되거나 말거나 세상 사람이 좋다거나 말거나 그러한 불순한 생각은 털끝만치라도 없이 오직 나의 정신과 힘을 다하여서 자랑거리가 될 만한 작품을 만들자는 순정이 가득하였을 뿐이었습니다. 그래서 이 한편에는 자랑할 만한 우리의 조선 정서를 가득 담아 놓는 동시에 '동무들아 결코 실망하지 말자.' 하는 것을 암시로라도 표현하려 애썼습니다. 또 한 가지는 씩씩하고 의로운 우리의 고유한 기상과 용맹한 패기를 영화에 살리려 하였던 것입니다. '아리랑 고개'는 우리의 희망의 고개이니 '넘자 넘자 그 고개어서 넘자.' 하는 정신을 담고자 한 것입니다. **나운규, 〈아리랑〉과 사회와 나, 〈삼천리〉, 7월호, 1930년.**

겸손하기는 하지만 자신에 가득 찬 글입니다. 한국인의 고유한 정서를 나타내고자 했을 뿐 아니라 작업 과정에서는 할 수 있는 모든 노력을 기울였다는 것을 밝히고 있습니다.

　나운규가 이 영화의 대본을 쓴 것은 〈농중조〉를 촬영하던 무렵이었습니다. 나운규는 혼자 소재를 찾고 구성을 다듬어 나갔습니다. 연기만 하던 그로서는 의욕적인 시도였습니다. 일본 작품을 우리나라 상황에 맞게 고치는 일은 영화 〈농중조〉의 감독을 맡았던 이규설이 담당했는데, 그와 가깝게 지내던 나운규는 이 일을 흥미 있게 지켜보았습니다. 영화를 보고 이야기를 꾸며내는 일이 별로 어려울 것 같지 않아 이규설에게 자기도 해보겠노라고 청했습니다. 자신이 출연할 부분에 대한 각색을 하는 일이었습니다.

　"감독님, 영화 대본을 만드는 일은 저도 할 수 있겠는데요."

　"그리 간단한 일이 아닐 텐데, 전에도 해본 적이 있나?"

　"간단한 이야기를 꾸며 보고는 있지만 제대로 한 적은 없습니다."

　"그렇다면 어림도 없다네. 더 연습을 하고 오게나."

　"그래도 한번 해보겠습니다. 결과를 보고 그때 평가해 주시지요."

　"자네 고집도 대단하구먼. 그렇게 원한다면 시험 삼아 한번 해보게."

"감사합니다. 결과를 두고 보시지요."

자기가 하고 싶은 일이라면 기어코 해내고 마는 나운규의 성품을 드러내는 대화입니다. 안종화를 처음 만나 극단 예림회에 들어가던 때도, 부산에 있는 조선키네마주식회사에 입사할 때도 그랬습니다. 〈아리랑〉 시나리오를 구상하던 나운규는 〈농중조〉 이야기를 구성하는 일을 즐겁고 신나는 기분으로 진행했습니다. 결과는 기대 이상으로 좋았습니다. 그저 연습 삼아 한번 해보라며 맡겼던 이규설은 나운규의 솜씨가 남다른 것을 알고는 깜짝 놀랐습니다. 영화사 사람들도 나운규의 뛰어난 재능을 높게 평가했습니다. 나운규는 자신이 시나리오를 쓸 수 있고, 다른 사람들이 좋아하며 인정해 주는 것을 보고 자신감을 가질 수 있었습니다.

또한 이 영화가 흥행에 성공하면서 나운규는 주목받는 배우로 떠올랐습니다. 〈농중조〉는 나운규의 영화 인생에서 중요한 기반을 만들어 준 셈입니다. 영화사 입장에서 보더라도 배우로서의 재능뿐만 아니라 시나리오를 쓸 수 있는 재능을 갖춘 인물을 찾아낸 셈이니 반가운 일이었습니다. 나운규의 재능이 빛을 드러낼수록 영화사에서 좋은 대우를 받기 시작한 것은 자연스러운 과정이었습니다.

영화사는 〈농중조〉 다음 작품을 준비했고, 그 대본을 나운규에게 써 달라고 주문했습니다. 그로서는 반가운 제안이었습니다. 처음으로 온전한 시나리오를 쓸 수 있는 기회를 얻은 것이니까요. 그때 준비한 시나리오가 바로 〈아리랑〉입니다. 그는 작품의 테마를 어린 시절 고향 회령의 철도 노동자들이 부르던 노래에서 얻었습니다. 청진과 회령을 잇는 청회선 철도 부설 공사를 할 때 남쪽에서 온 노동자들이 민요조로 부르던 노래 〈아리랑〉에서 느낀 애잔한 정서를 영화적인 바탕으로 삼아 그것에 이야기를 더해서 만든 것입니다. 이에 대해 나운규가 밝히는 내용은 다음과 같습니다.

　질문　"풍년이 온다. 풍년이 온다. 이 강산 삼천리에 풍년이 온다. 아리랑 아리랑 아라리요 아리랑 고개로 날 넘겨주오." 하는 이 노래를 누가 지었어요? 한동안은 서울이든 시골이든 어디서든지 어린아이 할 것 없이 모두 즐겨 부르던 〈아리랑〉 노래 말입니다.

　대답　내가 지었습니다. 어린 시절. 고향인 회령과 청진 사이에 철도를 놓기 시작하였는데 그때 남쪽에서 온 노동자들이 일하는 동안 '아리랑 아리랑' 하고 구슬프게 노래를 부르더군요. 그것이 어쩐지 가슴에 충동을 주어서 길 가다 그

노래가 들리면 걸음을 멈추고 한참 들었어요. 그러다가 서울로 온 이후에 〈아리랑〉 노래를 찾아보려고 했습니다. 그때 민요로는 겨우 〈강원도 아리랑〉을 간혹 들을 수 있을 뿐 도무지 아는 사람이 없었어요. 하는 수없이 내가 예전에 듣던 그 멜로디를 생각하면서 가사를 쓰고 곡은 단성사 음악대에 부탁하여 만들었지요.

질문 영화 스토리도 혼자 생각했어요? 어디서 암시를 받았고, 또 어떤 뜻을 표현하려 한 것인가요?

대답 이야기도 모두 혼자 생각해 냈지요. 내가 표현하려 한 것은 아무 구속도 받지 않는 자유로운 인간을 그리려 했지요. 그러자면 미친 사람이 적합하다고 생각한 것입니다. 미친 사람 눈에는 세상의 모든 권위도 무섭지 않고, 머리 숙일 일도 없을 테니까요. 웃고 싶으면 언제든지 웃고, 하고 싶은 말은 무슨 말이든 하고요. 그래서 주인공을 철학을 공부하다가 미친 사람으로 세웠지요. **나운규 〈아리랑〉 등 자작 전부를 말함, 〈삼천리〉, 1월호, 1937년.**

그가 이 작품을 쓰면서 특히 신경 쓴 부분은 쓰라림과 유머를 적절히 배치하는 일, 다시 말해 "졸리고 하품 나지 않는 작품"을 만드는 것이라고 했습니다. 나운규는 당시 외국 영화들이 잘 짜인 시나리오와 전문적인 훈련을 받은 배우의 연기, 세

런된 촬영 등 여러 가지 요소를 고루 갖춘 데다 빠르고 경쾌한 구성을 잘 활용하고 있다고 생각했습니다. 관객들이 한국 영화보다 외국 영화를 더 좋아하는 이유는 결국 영화의 수준이 더 높다는 점을 유의하고 있었습니다. 그래서 나운규는 자신이 쓰는 시나리오 속에 '느리고 답답한 분위기를 걷어 내는 대신 템포가 빠르고 약동감을 드러내는 분위기'를 충분히 살리고자 하였습니다. 시나리오를 본 영화사 간부들은 만족스러워하며 곧 제작에 착수합니다. 이렇게 하여 영화 〈아리랑〉이 만들어졌고 그때까지 만든 어느 영화보다도 큰 성공을 거두게 된 것입니다.

회령의 한약방 집 셋째 아들

　나운규는 1902년 10월 27일 함경북도 회령에서 태어났습니다. 회령은 두만강을 사이에 두고 중국과 가까이 있고, 러시아와도 멀지 않은 국경 도시입니다. 이곳에서 한약방을 운영하던 아버지 나형권은 아들인 민규, 시규, 운규, 딸인 사규, 오규, 필규, 여섯 명의 자녀를 두었습니다. 나운규는 그중 셋째입니다.

　어린 시절 나운규에게 많은 영향을 준 사람은 둘째 형 시규입니다. 말수가 적고 조용한 성격으로, 책 읽기를 좋아한 시규는 늘 책을 가까이했습니다. 그 무렵 나온 〈소년〉, 〈아이들 보이〉 같은 잡지와 〈화성돈전(미국 초대 대통령 조지 워싱턴의 이름을 한자로 읽은 것)〉 같은 위인전, 우리 동포가 미국 하와이로 이민을 간 과정과 그곳에서의 생활을 담은 〈포와유람기〉 같

보통학교 시절의 나운규(오른쪽)

은 여행기처럼 관심을 끌 만한 책이라면 대부분 다 읽었습니다. 그리고는 동생 운규에게 내용을 들려주기도 하고 책도 보여 주었습니다. 형의 이야기와 책을 통해 나운규는 알지 못하던 세상에 대해 조금씩 관심을 가지게 되었고, 언젠가는 그런 세상에 나가리라 다짐했습니다.

　나운규는 시규 형과 달리 씩씩하고 마음이 내키면 무엇이든 그때그때 행동으로 옮기는 성격이었습니다. 여름 방학이 되면 친구들과 두만강변이나 산비탈로 돌아다니며 전쟁놀이

나운규의 둘째 형 나시규.
나운규에게 독서와 영화감상 등의
영향을 미쳤다.

를 자주 하였습니다. 동무들을 모아 놓고 편을 나누어 대결하
기도 하고, 함께 이곳저곳을 뛰어다니며 놀았습니다. 어린 시
절 나운규가 특별히 좋아한 것은 연극을 보는 것이었습니다.
어쩌다가 회령에 순회 극단이 와서 공연을 하면 빼놓지 않고
구경했습니다. 나운규와 평생을 친구로 지낸 윤봉춘은 그때
의 풍경을 이렇게 이야기했습니다.

그 무렵 '혁신단'이니 '동지좌' 같은 신파극단이 가끔 회령에
공연을 왔다. 공연이 있는 날이면 나운규는 어떻게든 극장 모
퉁이에 자리를 잡고 구경을 하였다. 그러고는 연극의 여러 장

면을 흉내 내며 친구들에게 자랑하곤 했다. 친구들은 그런 나운규를 보며 놀라기도 하고 부러워하기도 했다. 〈영화연극〉, 11월 호, 1939년.

그때 구경한 연극의 장면들을 흉내 낸 것이라면 주인공의 대사를 읊으며 동작을 따라 하는 수준이었겠지만 보는 것에서 그치지 않고 언젠가 자신도 저런 일을 해보겠다는 기대가 조금씩 자라기 시작한 것입니다.

어른들은 이런 나운규를 보며 걱정을 많이 하였습니다. 특히 나운규의 부모들은 아들이 놀기 좋아하며 연극에 관심을 가지는 것을 좋아하지 않았습니다. 연극은 신분이 낮은 광대들이나 하는 일이라고 생각했기 때문입니다.

이러는 사이 나운규는 회령의 말썽꾸러기로 소문이 났습니다. 친구들을 불러 모아 전쟁놀이를 하기도 하고, 연극을 한다며 분장을 하기도 하는 등 어디를 가나 이야깃거리가 될 만한 행동을 자주 하게 되자 소문이 퍼져 나갔기 때문입니다. 그래도 나운규는 연극만 보면 왠지 마음이 끌리고 가슴이 설레었습니다.

나운규는 책상에 앉아 착실하게 공부를 하는 일은 드물었지만 한번 보고 들은 것을 잘 기억하고, 응용하는 능력이 뛰어났습니다.

윤봉춘은 "운규는 어렸을 때부터 재주가 뛰어나고 총명했습니다. 공부라고는 복습 한 번 하는 일 없고 장난만 하는데도 시험을 보면 늘 둘째나 셋째 자리를 놓치지 않았습니다. 운규는 학과 공부보다는 잡지 같은 책 읽기를 매우 좋아했습니다."라고 이야기하기도 했습니다. 어린 시절 나운규의 모습에서 새로운 것에 대한 왕성한 호기심과 일단 흥미를 가진 일이면 무슨 수를 써서라도 해내고 마는 성격을 알 수 있습니다. 하지만 새로운 문화에 대한 호기심이 강하고, 하고자 하는 일이 많을수록 주변 사람들과 부딪치는 경우도 많았습니다. 나운규가 동네 말썽꾸러기 취급을 받았던 이유는, 하고 싶은 일이 많지만 그가 하려는 일이나 행동이 주위 사람들의 눈에는 이상하게 보였기 때문입니다.

명동학교 시절과 독립운동

　회령에서는 이래저래 생활하기가 답답하고 실망스러워지자 나운규는 새로운 삶을 찾기 위해 북간도의 명동학교로 전학했습니다. 회령에서 차분하게 학교생활을 하는 것이 어렵다고 판단한 나운규의 부모도 전학하는 것이 좋겠다고 판단한 것입니다. 명동학교는 회령에서도 가까워 오가는 데도 어려움이 없었습니다.

　중국 길림성 용정시 명동촌에 있는 명동학교는 1908년 4월 27일에 개교하였습니다. 김약연 선생을 비롯한 민족 지사들이 세운 이 학교는 처음에는 '명동서숙'이라고 부르다가 1909년부터 명동학교로 바꾸었습니다. 1925년 문을 닫을 때까지 1,000여 명의 졸업생을 배출하며 새로운 문화를 가르치고 민족의식을 깨우치는 데 큰 역할을 했습니다. 야학을 열어 북간도에 살고 있는 동포들을 대상으로 글을 읽고 쓸 수 있는 강습을 하기도 하였는데, 학교가 유명해지자 북간도뿐만 아니라 블라디보스토크와 같은 러시아의 연해주(沿海州) 지역과 회령(會寧)을 비롯한 국내의 여러 곳에서 학생들이 모여들었습니다.

명동학교는 북간도 지역의 독립군 양성소 역할도 했습니다. 학생들은 체육 시간에 나무로 만든 총을 들고 훈련을 받았으며, 때로는 독립군의 비밀 활동에 참가하기도 했습니다. 또한 간도 지역에서 진행되고 있는 여러 단체의 활동이나 중국, 러시아 등의 소식을 담은 신문을 만들어 은밀하게 국내로 전달하기도 했습니다. 이런 일로 인하여 일본은 북간도 지역에서 나타나는 독립운동에 대한 감시의 눈길을 강화하고 있었습니다.

나운규가 명동학교에 들어와 1년쯤 지난 뒤 윤봉춘도 회령에서 보통학교를 마치고 명동학교의 중학교 과정에 들어왔습니다. 반갑게 재회한 두 친구는 공부도 함께하고, 독립운동도 비밀스럽게 함께했습니다. 그 과정에서 두 사람은 명동학교에서 만든 신문을 회령까지 전달하는 임무를 맡기도 했습니다.

1919년 3월 1일, 서울에서는 우리나라의 독립을 외치며 수많은 사람이 거리로 나와 만세를 불렀습니다. 비록 일본에게

나라를 지배당하고 있지만 우리 민족은 결코 무릎을 꿇지 않았다는 사실을 국내외에 알리는 큰 사건이었습니다.

만세 운동은 곧 전국으로 퍼져 나갔습니다. 회령에서도 만세 운동이 일어났는데, 나운규와 윤봉춘, 김용국도 앞장서서 참가했습니다. 이때 일본 경찰들은 만세 운동을 막으려고 사람들을 닥치는 대로 잡아들였습니다. 만세 운동에 참가한 사람들을 쉽게 가리기 위해 물에 붉은 물감을 섞어 사람들에게 뿌리기도 했습니다.

나운규와 윤봉춘, 김용국은 만세 운동에 앞장선 것이 드러나 일본 경찰의 수배를 받았습니다. 다행히 나운규와 김용국은 몸을 피했지만, 윤봉춘은 경찰에 체포되어 6개월이나 감옥 생활을 했습니다.

만세 운동 참가자에 대한 검거가 계속되자, 나운규는 회령에 머물 수도, 명동학교로 돌아갈 수도 없었습니다. 어느 곳이든 머뭇거리다가는 체포되는 것을 피할 수 없는 처지였습니다. 그래서 김용국과 함께 국경을 넘어 일본 경찰의 힘이 미치지 않는 러시아 땅으로 들어갔습니다. 그러나 머나먼 이국땅을 떠돌아다니는 일은 힘겨웠습니다. 준비를 하고 떠난 길이 아니었기에 갈 곳도, 쉴 곳도 찾기 어려웠고 언제까지 계속해야 하는지도 알 수 없었습니다. 집과 고향을 떠나 낯선 땅에서 숨어 지내는 일은 그만큼 힘들었고, 나라 잃은 백성이 겪는 고난이라는 생각을 하였습니다.

마침 러시아에는 심각한 내전이 일어나 여러 곳에서 전투가 벌어지고 있었습니다. 러시아 내전은 공산혁명을 일으킨 소비에트 혁명 세력(붉은 군대 또는 볼셰비키 군대)과 혁명 진압 세력(하얀 군대 또는 멘셰비키 군대)이 서로 대립하며 싸운 전쟁을 가리킵니다. 이 때문에 러시아는 극심한 혼란 상태에 빠져 있었습니다.

나운규가 건너간 블라디보스토크는 '하얀 군대'라고 부르는 세력의 근거지 역할을 하던 곳이어서 특히 위험했습니다. 시기적으로도 내전이 가장 격렬하게 진행되던 때였습니다. 나운규는 일본 경찰을 피해 러시아로 탈출한 것인데, 어쩌면 더 위험한 곳으로 들어간 셈이 되었습니다.

나운규와 김용국은 먹을 것과 잠자는 곳을 해결하기 위해 러시아 하얀 군대의 일꾼으로 들어갔습니다. 한창 전투가 벌어지고 있어서 군대에는 전투를 하는 군인뿐 아니라 경비나 물건을 실어 나르는 일, 말을 관리하는 일 등 여러 가지 일거리가 많았습니다. 그래서 일거리를 찾는 것은 어렵지 않았습니다. 그러나 군대 생활은 위험하고 힘들었습니다. 붉은 군대와 하얀 군대 간에 전투가 잦았고, 정세도 자주 바뀌었습니다.

그래서 먹는 것도 부실하고, 제대로 된 대우를 받지도 못했습니다. 언제 목숨을 잃을지도 모르는 위험한 상황도 자주 벌어졌습니다. 나운규는 고민에 빠졌습니다. 이러다가는 낯선 외국 땅에서 인생을 끝낼 수도 있겠다고 생각하니 처벌을 받더라도 고향에 돌아가는 게 나을 것이라고 생각했습니다.

결국 나운규와 김용국은 러시아를 떠나 고향으로 돌아가기로 결심했습니다. 돌아가는 길도 험하고 멀었습니다. 군대에서 도망치는 일은 목숨을 걸어야 하는 일이었고, 사람들의 눈을 피해 걷는 일도 힘겨운 일이었습니다. 결국 여섯 달이 걸려서야 나운규와 김용국은 회령으로 돌아올 수 있었습니다. 다행히 일본 경찰의 감시는 전보다 느슨했습니다. 이 무렵 윤봉춘도 감옥에서 나왔습니다. 위험한 고비를 넘긴 뒤 오랜만에 친구들을 만난 나운규는 무척이나 기뻤습니다.

고향에 돌아왔지만 그곳에 계속 머무는 것도 여의치 않았습니다. 마땅하게 할 일을 찾기도 어려웠고, 어디론가 떠나고 싶었습니다. 감시가 느슨해지긴 했지만 언제 일본 경찰이 들이닥칠지 알 수 없었습니다. 고향집이나 명동학교 모두 감시의 대상이니 학교로 돌아가는 일도 여의치 않았습니다. 부모님도 아들이 고향에서 불안하게 생활하는 것보다 차라리 멀리 서울로 가서 공부하는 게 낫겠다고 생각했습니다.

1920년 봄, 나운규와 윤봉춘, 김용국은 서울로 유학을 떠나 중동학교에 입학했습니다. 형편이 그리 어렵지 않아서 비교적 편안하게 지낼 수 있었습니다. 이 무렵 나운규와 윤봉춘은 영화를 자주 보러 다녔습니다. 고향에 있을 때는 연극 구경하기를 좋아했지만 서울에서는 영화를 볼 수 있는 극장이 많았습니다. 변사가 설명해 주는 영화는 연극과는 다른 재미가 있었습니다. 그때는 주로 미국 영화가 인기를 끌었는데, 나운규는 이런 영화들을 보고 오면 배우의 연기를 흉내 내기도 하고, 중요하다고 생각하는 장면은 공책에 그림을 그려서 앞뒤를 연결해 보기도 했습니다. 어린 시절 고향 회령에서 신파 연극을 보며 배우들의 모습을 흉내 내던 때보다 훨씬 더 집중하고 있었습니다.

"봉춘아, 어떠냐? 주인공 표정과 닮았니?"

"그래, 아주 그럴듯하다. 너는 정말로 열심히 하는구나. 앞으로 배우라도 되려고 그러는 거냐?"

"물론이지. 배우가 될 수만 있다면 그보다 신나는 일이 어디 있겠니?"

회령에서 신파 연극을 보며 마음을 빼앗기고, 서울에서 영화를 보며 영화의 매력에 빠진 다혈질의 청년 나운규는 학교 공부보다 재미와 감동을 찾을 수 있는 환상의 세계에 더욱 매력을 느끼며 빠져들었습니다. 서울은 영화를 맘껏 보러 다닐 수 있어서 무척이나 즐겁고 신나는 곳이었습니다. 영화나 연극에 관한 책들도 구해서 보고, 회령에서는 보기 어려운 영화들도 볼 수 있고, 유명한 변사들의 설명도 직접 들을 수 있었습니다. 마음속에는 언젠가 영화를 만드는 사람이 되겠다는 생각이 더욱 크게 자라고 있었습니다. 앞으로 나운규의 인생이 어떻게 펼쳐질지는 알 수 없었지만 그때까지만 돌아본다면 가장 여유롭고 활기찬 시간이었을 것입니다.

감옥 생활을 하다

　중동학교 생활은 1년을 넘기지 못한 채 끝나고 말았습니다. 간도에서 독립운동을 하던 일이 발각되어 일본 경찰에게 체포되었기 때문입니다. 나운규와 윤봉춘, 김용국은 북간도의 명동학교에 다니는 동안 독립군의 비밀 조직인 도판부에 들어간 적이 있었습니다. 도판부는 일본군의 기지나 시설을 공격할 때 미리 지형을 조사하고, 철도나 도로를 폭파하거나 통신선을 자르는 일을 한 비밀 조직입니다. 비밀리에 훈련을 받던 나운규와 윤봉춘, 김용국은 회령과 청진을 연결하는 청회선 철도에 있는 무산령 터널을 폭파하고, 회령에 있는 일본군 부대에 연결된 통신선을 끊으라는 임무를 받았습니다. 일본군의 활동에 타격을 주려는 계획에 따른 것입니다. 그야말로 목숨을 걸어야 하는 위험천만한 특공 작전이었습니다.

나운규와 친구들은 작전에 필요한 전문 훈련을 받기 위해 독립군 부대가 머물고 있는 청산리로 갔습니다. 살아서 돌아올 수 있을지 장담할 수 없는 여행길이었습니다. 특공 훈련을 받으면 실제로 작전에 나가야 하고, 목숨을 던지는 일까지 각오해야 했기 때문입니다. 그러나 한참 훈련을 받고 있을 때 작전을 취소한다는 지시가 내려왔습니다. 이 일은 아무도 모르게 지나가는 것 같았지만 결국 발각되고 맙니다.

　간도 지역에 독립운동의 기운이 넓게 퍼져 나가자 일본은 온갖 핑계를 대며 이를 억누르려고 했습니다. 이 과정에서 동포들의 마을이 불타고 조선 사람들이 무참하게 희생되는 일이 자주 일어났습니다. 명동학교가 독립 활동에 관여하고 있다는 사실을 알아낸 일본 경찰은 학교를 샅샅이 뒤졌습니다. 그 속에서 나운규 일행의 독립 활동이 드러나자 회령경찰서는 형사들을 서울로 급히 보내 이들을 체포합니다. 회령경찰서에서 심한 조사를 받은 세 사람은 재판에 회부되었는데 나운규와 김용국은 2년, 윤봉춘은 1년 6개월의 형을 받았습니다.

　청진에 있는 감옥에 갇혀 있는 동안 나운규는 지난날을 돌아보았습니다. 회령에서 보낸 어린 시절과 새로운 세상을 향한 기대, 수많은 고민과 걱정, 간도 생활, 러시아를 떠돌며 겪었던 일들, 짧은 시간이지만 서울에서 겪은 놀라운 경험 그리

청진 감옥에서 나온 후
친구 김용국(오른쪽)과 나운규

고 감옥생활까지. 젊은 나이였지만 많은 일을 겪은 듯했습니다. 그러나 더 중요한 문제는 감옥 생활이 끝나면 무엇을 해야할지 계획을 세울 수 없다는 것이었습니다. 고향에 돌아가더라도 전과자 신세가 되어 마땅한 일거리를 찾기 어렵고, 경찰의 감시를 받아야 할 처지가 될 것은 뻔했습니다.

나운규는 청진 감옥에 있는 동안 여러 사람을 알게 되었습니다. 감옥에는 독립운동을 하다 수감된 경우가 적지 않았는데, 그들은 나운규와 윤봉춘에게 나라 안 팎의 사정을 들려주었습니다. 이때 함께 수감된 어느 독립운동가로부터 나운규는 '춘사', 윤봉춘은 '금원'이라는 호를 얻었습니다.

나종익(아들)

나신자(딸)

나운규는 2년 동안의 감옥 생활(1921년 3월 5일부터 1923년 3월 4일까지)을 마친 뒤 고향 회령으로 돌아왔습니다. 계절은 봄을 맞고 있었지만 그의 처지나 집안 형편은 답답하고 우울했습니다. 그 사이 집안 사정도 많이 바뀌었습니다. 아들을 감옥에 보낸 아버지는 상심한 나머지 건강이 나빠져 끝내 세상을 떠났습니다. 큰형 민규도 어떤 사건으로 감옥에 있었습니다. 게다가 작은 형 시규마저 병에 걸려 자리에 누워 있는 처지였습니다. 나운규는 아내와 아들 종익, 딸 신자를 보살피는 일도 당장의 일이었습니다. 나운규는 아버지와 형들을 대신해 가족들을 보살피고, 자신의 앞날도 계획해야 했습니다. 하지만 무엇부터 해야 할지 알 수 없어 마음만 뒤숭숭했습니다.

극단 예림회와 순회공연

　겨울이 일찍 시작되는 회령은 12월이면 찬바람이 불고 눈이 쌓입니다. 1923년 12월 어느 날, 나운규의 운명을 바꾸어놓는 일이 일어났습니다. '예림회'라는 신파극단이 회령에 공연을 온 것입니다. 서양식 연극을 가리켜 '신극' 또는 '신파극'이라고 불렀는데, 신파극단은 신파극을 공연하는 단체였습니다. 서울에서 주로 활동하는 연극 단체들이 시골까지 순회공연을 하는 것은 새로운 관객을 찾아 나서는 노력 가운데 하나입니다. 여러 사람이 극단을 꾸려 이곳저곳을 돌아다니려면 이만저만한 고생이 아니었습니다. 옷, 분장 도구, 악기, 소품 등 공연에 필요한 물건들을 챙겨서 다녀야 하며, 먹을 것과 잠잘 곳을 준비하는 일도 큰일이었습니다. 이런 문제들을 제대로 해결하려면 공연에 사람들이 많이 와서 수익을 올려야 하지만, 뜻대로 성공하는 경우가 드물었습니다. 그래서 극단이 지방 순회공연을 하는 일은 쉽지 않았지만 그것을 구경하는 사람들에게는 흥미로운 일이었습니다.

나운규는 예림회의 공연을 보자 새로운 인생을 시작할 수 있을 것 같은 기대가 생겼습니다. 어린 시절 연극을 보며 가슴 뛰었던 열정이 새삼스럽게 피어올랐고, 서울에서 영화를 보며 부풀었던 희망이 떠올랐습니다. 그저 구경만 하며 좋아하는 데서 그치지 않고 직접 참여해 무슨 일이든 해보고 싶었습니다.

나운규는 극단 단원들이 묵고 있는 여관으로 찾아가 단장을 만났습니다. 당시 예림회를 이끌던 단장은 안종화였는데 훗날 영화배우 겸 감독, 제작자로 활동하며 많은 업적을 쌓은 인물입니다. 나운규가 영화계에 들어가게 된 것도 그를 통해서였지만 이때만 해도 서로 알지 못하는 사이였습니다. 안종화는 막무가내로 조르는 낯선 청년의 부탁을 무작정 거절하기가 어려웠습니다.

"배우가 되고 싶은데 단원이 될 수 있을까요?"

"글쎄, 워낙 작은 단체라 많은 사람이 필요하지 않네."

안종화 단장은 낯선 청년을 찬찬히 살펴보았지만 억센 함경도 말을 하는 데다 인상이며 체격이 배우가 될 만한 조건을 갖추지 못한 것으로 보였습니다. 더구나 첫 만남이라 어떤 사람인지 무엇을 할 수 있는지도 헤아리기 어려워 달래서 돌려보낼 작정이었습니다. 하지만 나운규는 물러서지 않았습니다.

"정 그렇다면 길잡이라도 좋습니다. 간도 지역으로 공연을 간다니 제가 길 안내를 하겠습니다."

"허허, 자네 고집도 참 어지간하군. 그렇게 하도록 하세."

나운규가 간절하게 졸라 대자 안종화도 허락을 했습니다. 극단 입장에서는 간도 지역 사정을 잘 아는 이가 안내를 한다면 그만큼 활동하는 데 도움이 될 것이었습니다. 또한 공연에 참여할 수 있는 사람이 많으면 좋은 일입니다. 극단 형편이 어려운 탓에 중간에 그만두는 경우도 있고, 병이 나거나 사고가 생겨 어쩔 수 없이 공연을 하지 못하는 경우도 생길 수 있습니다. 그럴 때 빈자리를 대신하거나 적당한 역할을 하는 데 사람이 필요했습니다.

나운규는 예림회 단원들과 눈으로 뒤덮인 간도 일대를 다니며 공연 여행을 했습니다. 나운규로서는 안종화를 비롯하여 극단 사람들과 알게 되는 계기가 되었습니다. 나운규는 배우가 되기 위해 전문적인 훈련을 한 적이 없었지만 예림회 단원들과 함께 공연을 다니는 동안 공연을 어떻게 하는지, 무엇을 준비해야 하는지 알게 되었습니다. 나운규는 예림회와 공연을 하는 동안 지금까지와는 다른 생활을 경험할 수 있었고, 배우가 되겠다는 생각을 하였으니 그의 일생에서 중요한 시기를 맞은 것이라고 하겠습니다.

하지만 나운규의 기쁨은 오래가지 않았습니다. 가난한 재정 형편을 견디지 못한 예림회가 문을 닫고 말았기 때문입니다. 그 무렵 신파극단들은 서울과 지방을 오가며 공연을 했지만 관객이 많지 않았던 탓에 오래 버티지 못하고 문을 닫는 경우가 많았습니다. 새로운 희망에 기대를 걸었던 나운규로서는 여간 실망스러운 일이 아니었습니다. 하지만 다시 기회가 오기를 기다리는 수밖에 없었습니다.

한편 예림회가 문을 닫자 안종화는 부산에서 공연하고 있던 '무대예술연구회'라는 극단에 들어갔습니다. 그때 무대예술연구회는 〈돌아온(돌아오는) 아버지〉, 〈결혼 신청〉 등의 작품으로 서울에서 공연을 하고 난 뒤에, 순회공연을 위해 부산에 가 있었습니다. 이 극단은 부산에서 여자 배우 이채전을 비롯하여 박승호, 이상필, 윤갑용, 엄주태 같은 남자 배우들을 단원으로 받아들였습니다. 1924년 4월 무렵의 일입니다. 그리고 '국제관'이라는 극장에서 〈부활〉, 〈시인의 가정〉, 〈희망의 눈물〉, 〈아, 무정〉을 공연했습니다. 이때 공연을 본 관객 중에는 뒷날 '조선키네마주식회사'라는 영화사를 세운 일본 사

업가들도 있었는데, 이 일본 사업가들은 배우의 연기를 관심
있게 지켜보았습니다.

안종화를 비롯한 무대예술연구회 단원들은 부산에서 열심
히 공연을 계속하려고 했습니다. 하지만 그들이 기대하는 만
큼 많은 관객이 들지는 않았습니다. 공연을 보러 오는 사람들
이 별로 없어 극단의 사정이 어려워지자 어쩔 수 없이 문을
닫아야 했습니다. 극단 예림회가 회령과 북간도 일대에서 순
화공연하다 도중에 해산하고 말았던 것처럼 무대예술연구회
역시 재정난에 시달리다 흩어지고 만 것입니다. 이때 일본 사
업가들이 자신들이 세우려는 영화사에 들어와 함께 일하자고
제안했고, 안종화를 비롯한 단원 모두 조선키네마주식회사에
들어가게 되었습니다.

부산에서 시작한 영화배우

조선키네마주식회사는 1924년, 부산 영주동에서 문을 열었습니다. 일본인 사업가들이 자본금 20만 원으로 만든 조선키네마주식회사는 그 당시 영화사들 가운데 규모가 가장 컸습니다. 이 회사를 세우고 영화 제작을 주도적으로 이끈 사람은 '왕필열'이라는 일본인이었습니다. 본명은 '다카사 간조'라는 이름의 승려였으나 부산에서 일본 사업가들과 만나면서 영화에 관심을 가져 영화사를 세우는 데 중요한 역할을 하게 됩니다.

조선키네마주식회사는 첫 작품으로 〈해의 비곡〉을 만들었습니다. 제주도를 배경으로 펼쳐지는 슬픈 사랑 이야기로, 처음 만든 영화지만 관객도 많았고 상당한 호응을 받았습니다. 그 무렵 우리나라에서 만든 영화는 손으로 꼽을 정도여서 관객들은 작품 수준에 관계없이 우리나라 영화라는 사실만으로도 관심을 가지는 경우가 많았습니다.

자신감을 얻은 영화사는 두 번째 작품으로 사극 영화 〈운영전〉을 만들기로 합니다. 세종의 셋째 아들로 태어났지만 정치 다툼에 희생되어 수양대군으로부터 죽음을 당한 안평대군 이야기를 다루었습니다. 안평대군과 궁녀 운영, 운영을 좋아하는 젊은 선비 김 진사 사이에서 벌어지는 사랑 이야기입니다. 〈운영전〉은 실제로 있었던 일과 가상의 이야기를 섞은 점이 특징이었습니다. 그래서 누구에게 감독을 맡길까 고심하던 영화사 측은 역사에 해박하고 영화나 연극 분야에서 이름이 높은 윤백남을 선택했습니다.

그 무렵 나운규는 부산에 영화사가 생겼고 안종화가 그곳에서 일하고 있다는 소식을 듣습니다. 나운규는 어떻게든 안종화를 만나야겠다는 생각으로 서울로 왔습니다. 그때 안종화는 아버지의 장례식을 치르느라 잠시 서울에 와 있었습니다. 11월 초순 단성사 앞에서 안종화를 만난 나운규는 다시 간청을 하였습니다.

"선생님 그동안 안녕하셨습니까?"

"그동안 어떻게 지냈나? 서울엔 어쩐 일인가?"

"선생님을 만나려고 왔습니다. 영화사에서 일하신다는 이야기를 들었습니다. 저도 그곳에서 일하고 싶습니다. 도와주십시오."

"영화사에 들어가겠다는 말인가? 자네가 영화를 하겠다고?"

"그렇습니다."

"쉬운 일이 아니네. 연기 시험도 보아야 하고……."

"선생님이 도와주시면 가능하지 않겠습니까? 영화사에 들어갈 수 있다면 무슨 일이든 하겠습니다."

"자네 뜻이 그렇다면 한번 힘써 보겠네."

안종화는 부산으로 돌아갈 때 나운규를 데리고 갔습니다. 나운규의 열정을 잘 알고 있는 안종화는 어떻게든 기회를 주고 싶었습니다. 하지만 영화사에 나운규를 들여보내는 일은 혼자 결정할 수 있는 일이 아니었습니다. 왕필열을 비롯한 영화사 간부들에게 나운규의 재능을 보여 주고 허락을 받아야 했습니다.

부산에 도착한 나운규는 영화사 시험에서 별로 좋은 평가를 받지 못했습니다. 시험은 배우로서의 재능이나 가능성이 있는지 시험하는 것인데, 너무 긴장한 탓에 표정 연기를 제대로 하지 못했고 듣기에도 거북할 정도로 억센 함경도 말투를 썼기 때문입니다. 그 당시 배우들은 무대에서 공연하는 일도 자주 있었습니다. 당시의 영화는 모두 무성이었기 때문에 배우들이 말을 하더라도 관객에게는 들리지 않았지만 무대 공연에서는 대사를 발음해야 했습니다. 나운규의 연기를 보며 왕필열을 비롯한 영화사 간부들은 만족스러운 표정을 보이지 않았습니다. 그들이 보기에 나운규는 키도 작은 데다 거칠어 보이는 인상, 투박한 함경도 억양 등 어느 한 가지도 흡족하지 않았습니다. 하지만 안종화가 추천하며 배우로 받아들이는 것이 좋겠다고 제안하는 상황을 아예 무시하기도 난감한 지경이었습니다.

그러자 안종화가 다시 한 번 나섰습니다. 영화사 간부들에게 나운규를 연구생 배우로 두자고 부탁한 것입니다. 인상이 거칠어 보이기는 하지만 악역이나 인상이 험악한 역할을 맡을 수 있는 배우를 두는 것도 필요하다며 간부들을 설득했습니다. 안종화의 추천이 받아들여지지 않는다면 나운규의 처지가 난감하게 될 뿐 아니라 자신의 자존심도 크게 상하기 때문이었습니다. 분위기가 자못 심각해지는 듯하자 왕필열은 고심하는 듯하다가 결국 나운규를 받아들이기로 했습니다.

"그럼 연구생으로 두어 보기로 하세."

"주연은 아니더라도 악역 같은 것은 잘 해낼 것입니다. 영화사에는 다양한 개성을 가진 배우들이 많을수록 좋지요."

"안 감독이 알아서 가르쳐 보시오."

이렇게 해서 나운규는 영화사에 들어갈 수 있었습니다. 영화계에서 일할 수 있다는 희망이 생기자 나운규는 날듯이 기뻤습니다. 그에게 영화는 새로운 인생을 가져다줄 등불이라고 생각했습니다. 열정을 다해 해야 할 목표가 생긴 것입니다. 그때부터 나운규는 연기하는 방법과 영화가 만들어지는 과정을 배울 수 있었습니다. 나운규는 영화사에 처음 들어가게 되었을 때 느낀 감격과 흥분을 김용국에게 보낸 편지에서 다음과 같이 밝혔습니다.

내가 이곳에 와서 이러한 편지를 쓰게 된 것을 너는 뜻밖이라고 생각했으리라. 너에게도 알리지 않고 별안간 이곳으로 뛰어온 것은 나로서도 큰 모험이고 용단이었다고 생각한다. 여기는 활동사진을 만드는 곳이란다. 제1회 작품으로 〈해의 비곡〉을 만든 조선키네마주식회사라는 간판을 단 곳이다. 아무튼 내가 찾던 길, 내 뜻을 시험해 볼 곳이라야 지금 조선에서는 이곳뿐이기에 찾아온 것이다. 또 내가 항상 동경하는 예술이 하루라도 일찍 우리 민중에게 표현되어 그들이 감상케 하고 그들을 웃기고 그들과 함께 울 수 있다면 참으로 좋은 일이 아니겠느냐.

나운규는 영화사에 들어가 〈운영전〉에 처음 출연하게 되었습니다. 이 영화에서 나운규는 가마꾼 역을 맡았습니다. 배우 입장에서 본다면 너무도 작은 역할이었습니다. 누구도 눈여겨보지 않는 역할이고 특별히 연기력을 발휘할 만한 대사도 없었기 때문입니다. 그래도 나운규는 영화에 출연한다는 것이 무척이나 기뻤습니다. 그래서 〈운영전〉의 장면을 담은 사진 한 장을 봉투에 담아 회령에 있던 윤봉춘에게 보내 자랑하기도 했습니다.

이 영화는 1925년 1월 14일부터 단성사에서 상영되었습니다. 나운규는 들뜬 마음으로 영화를 기다렸지만 결과는 그의 기대와는 다르게 나타났습니다. 작품에 대한 평가가 좋지 않았고, 관객들의 반응도 기대에 미치지 않아 흥행에도 실패하고 말았기 때문입니다. 더구나 나운규가 이 영화에 출연했다고 관심을 가지는 사람도 없고, 알아주는 이도 없었습니다. 개인적으로 실망스러웠지만 영화사는 더 심각했습니다. 기대를 걸고 나름대로 최선을 다한 영화사로서는 실망이 너무도 컸습니다. 윤백남에게 큰 기대를 걸었던 왕필열은 실망하며 무시하는 태도를 공공연하게 드러냈습니다.

사정이 이렇게 되자, 윤백남은 영화사에서 계속 일하기가 어려워졌습니다. 고심하던 윤백남은 결국 영화사를 나오고 말았습니다. 윤백남은 혼자만 떠난 것이 아니라 자신을 따르는 배우와 감독, 촬영 기사를 이끌고 나왔습니다. 서울로 가서 영화사를 만들자고 설득했고, 찬성하는 영화인들이 함께 영화사를 떠난 것입니다. 많은 사람이 한꺼번에 빠져나가자 영화사는 심한 충격을 받았습니다. 영화를 만들 수 있는 사람들 대부분이 회사를 떠났으니 제대로 영화를 만들기도 어려웠습니다.

이때 나운규도 윤백남을 따라 서울로 왔습니다. 나운규에게 부산에서 머문 석 달은 인생에서 중요한 시기였습니다. 배우로 영화계에 발을 들여놓았을 뿐만 아니라, 무엇보다도 영화계를 이끄는 여러 인물과 알게 되었기 때문입니다. 영화로 새로운 인생을 만들어 가겠다는 희망이 나운규의 가슴속에 차오르기 시작했습니다.

영화계의 신인 시절

1925년 3월, 서울로 온 윤백남 일행은 '백남프로덕션'이라는 영화사를 만들고 〈심청전〉을 만들기로 합니다. 어머니를 여의고 장님 아버지 손에 자란 심청이 아버지의 눈을 뜨게 할 수 있다는 믿음으로, 바다에 몸을 던지는 심청. 심청의 효심에 감동한 용왕이 심청을 왕비로 맞아들이고, 심청은 온 나라의 장님들을 모셔다 위로 잔치를 여는 도중 아버지를 만나게 되고, 죽었다고 생각한 딸을 다시 만난 반가움에 아버지가 눈을 뜨게 된다는 이야기입니다. 실제로는 믿기 어려운 내용이지만 오랫동안 사람들의 사랑을 받아 온 이야기로, 〈춘향전〉만큼이나 우리에게 친숙한 이야기입니다.

이러한 소재를 영화로 만들고자 한 것은 많은 사람이 알고 있는 내용이고, 널리 알려져 있어 관심을 가지고 보고 싶어 할 것이라는 기대가 있었기 때문입니다. 나운규는 이 영화에서 심청의 아버지이자 장님인 심 봉사 역을 맡았습니다. 중요한 역할인 만큼 나운규도 좋은 연기를 보여 주었습니다. 하지만 배우가 좋은 연기를 보여 주었다고 해서 영화가 성공하는 것은 아닐 수도 있습니다. 한 편의 영화는 배우들의 연기뿐만 아니라 촬영, 편집, 세트, 음악 같은 요소들이 합쳐져야 하고 이야기를 꾸미는 연출의 효과도 큰 영향을 미칩니다. 또한 수준을 갖춘 작품을 만들기 위해서는 그만한 비용도 있어야 합니다. 다시 말해 여러 가지 요소가 잘 갖추어지고 조화를 이루어야 의도한 결과를 얻을 수 있습니다.

〈심청전〉은 힘들게 제작한 영화였습니다. 영화사를 만들면서 단원들이 의기투합해 잘 만들어 보려고 했지만 제작비는 부족하고 참여한 사람들의 경력도 그다지 충분하지 않았습니다. 어렵게 완성하고 상영을 시작했지만 흥행의 성과는 빈약했습니다. 제작비도 되찾지 못할 정도여서 그렇지 않아도 형편이 어려운 영화사의 살림이 아주 힘들게 되었습니다.

윤백남으로서는 이야기를 계발하고 영화를 만드는 일은 할 수 있더라도 제작비를 구하고 흥행을 하는 일은 그의 능력으로는 힘겨웠습니다. 당시로서는 영화 제작에 자본을 투자할 만한 사업가나 회사를 찾기도 어려웠는 데다 설령 있다고 해도 그의 성격이나 일하는 방식으로는 상대를 설득하는 일에 도 익숙하지 않았습니다. 그로서는 어려운 회사 사정을 타개 할 방법이 없었지만 그렇다고 마냥 손 놓고 바라볼 수도 없는 처지니 그야말로 진퇴양난이었습니다. 윤백남은 무슨 방법이 든 찾아야겠다는 생각으로 일본으로 건너갔습니다. 그곳에서 영화를 상영할 수 있다면 얼마라도 되찾을 수 있지 않을까 기 대하면서 떠났지만 별다른 성과를 거두지 못했습니다. 다른 방법을 찾지 못한 채 영화사로 돌아가기도 어려웠습니다. 그 렇게 몇 달이 지났습니다.

소식을 기다리던 영화사 사람들의 처지도 난감하기는 마찬 가지였습니다. 윤백남을 기다리다 지친 사람들은 대책을 찾 아보기로 했습니다. 결론은 어떻게 하든 영화 작업을 계속하 자는 것이었습니다. 사람들은 대부분 그대로지만 대표인 윤 백남이 빠진 상태에서 '백남프로덕션'이라는 이름을 그대로 쓰기가 어렵다고 생각해 영화사 이름을 '고려키네마'라고 바 꾸었습니다.

고려키네마에서 착수한 영화는 이광수를 젊은 소설가로 주 목받게 한 소설 〈개척자〉를 각색한 작품입니다. 새로 영화사 이름을 붙이고 영화를 만들기는 하였지만 사정은 이전과 별 로 달라진 것이 없었습니다. 비용을 최대한 줄이고 열심히 만들었지만 그런 노력은 또다시 흥행의 벽에 가로막히고 말았습니다. 〈개척자〉가 흥행에 실패하자 영화사 사람들은 더욱 난감한 지경에 처했습니다. 〈심청전〉에 이어 〈개척자〉까지 손해를 보게 되자 더 이상 버틸 힘이 없어져 영화사를 계속 유지해야 할지 문을 닫고 각자 다른 대책을 찾아야 할지 고민하게 되었습니다.

그러던 중 연극 활동을 하던 조중환이 '계림영화협회'라는 영화사를 새로 만들었습니다. 영화사를 운영하기 위해서는 여러 분야의 사람이 필요합니다. 조중환은 고려키네마의 사정이 어려운 것을 알고는 그곳에 소속되어 있는 영화인들을 받아들이려고 했습니다. 계림영화협회는 사람이 필요하고, 고려키네마 사람들은 일할 곳을 찾아야 하는 상태였기에 협의는 쉽게 이루어졌습니다. 고려키네마 사람들은 대부분 계림영화협회로 옮겨 갔습니다. 나운규도 다른 사람들과 함께 자리를 옮겼습니다.

나운규는 큰 기대와 꿈을 가지고 영화계에 들어왔지만 영화를 만드는 과정이 험난하고 어렵다는 것, 만드는 것도 중요하지만 관객의 호응을 얻지 못하면 큰 낭패를 당할 수 있다는 것을 생생하게 경험했습니다. 영화계에 몸담은 지 채 1년도 되지 않는 동안 몇 개의 영화사를 옮겨 다니고, 그 영화사들마저 한 편을 겨우 만들고는 문을 닫는 과정을 반복하는 지경이었으니 꿈과 현실이 엄청나게 다르다는 것을 체험했습니다.

계림영화협회는 첫 작품으로 〈장한몽〉을 만들었습니다. 〈금색야차〉라는 제목으로 이미 일본에서 인기를 얻었던 신파극을 우리나라 현실에 맞게 고친 작품입니다. 이 이야기는 이후에도 영화나 연극으로 여러 번 만들어졌는데, 나중에는 〈장한몽〉이라는 제목보다 주인공의 이름을 딴 '이수일과 심순애'로 더 널리 알려졌습니다. 이 영화에서는 주삼손과 김정숙이 각각 이수일과 심순애 역을 맡고, 나운규는 이수일의 친구 역할을 맡았습니다.

나운규로서는 제법 그럴듯한 역할을 맡았고, 제작 과정도 순조로운 것처럼 보였습니다. 그러나 목재소에서 촬영을 하던 도중 큰 화재가 나는 바람에 배우들이 다치고 제작을 계속할 수 있을지 위태로운 상황을 맞았습니다. 쌓아 둔 나무에 불이 옮겨 붙으며 내려앉는 바람에 그곳에서 촬영을 하던 주삼손과 나운규 등 몇몇 사람들이 부상을 당했습니다. 사고는 누구에게든지 위험한 일이지만 특히 주연 배우들이 당하는 사고는 영화 제작에 큰 영향을 미치게 됩니다. 주연 배우가 예정된 일정을 진행할 수 없다면 모든 촬영이 어긋나게 됩니다. 주연을 맡은 주삼손의 부상은 촬영을 할 수 없을 만큼 심각했습니다. 영화사로서는 참으로 답답한 노릇이었습니다. 다친 사람들이 다 낫기를 기다리면 영화 제작을 오랫동안 중단해야 했습니다. 그렇지 않으면 그때까지 찍어 놓은 필름을 버리고 주인공을 새로 뽑아 영화를 다시 찍어야 했습니다. 하지만 그렇게 되면 이미 들어간 비용을 고스란히 날려 버리게 됩니다.

영화사는 고민 끝에 주삼손 대신 다른 배우에게 주인공 역을 맡겨서 완성하기로 결정합니다. 이렇게 하여 뽑힌 배우가 신태식입니다. 신태식은 바로 〈상록수〉라는 소설을 발표하여 이름을 떨친 소설가 심훈입니다. 그리하여 이 영화는 같은 배역을 두 명의 배우가 연기하는 특이한 기록을 남기게 됩니다. 나운규의 역할은 그리 크지 않았기 때문에 촬영한 부분만 사용하기로 했습니다.

1926년 3월 18일부터 단성사에서 상영한 〈장한몽〉은 제법 인기를 모았습니다. 제작에 참여한 사람들로서는 신이 날 만한 일이었습니다. 그동안 몇몇 영화사에서 기대를 걸고 만든 영화들이 대부분 흥행에서 실패한 것에 비하면 큰 성과라고 할 만했습니다.

계림영화협회는 의욕과 기대를 가지고 두 번째 영화를 제작했습니다. 〈산채왕〉이라는 사극인데, 기대와 달리 흥행에서 별다른 성과를 거두지 못했습니다. 속사정을 살펴보면 백남프로덕션이나 고려키네마와 크게 차이가 없는 수준이었으니 〈산채왕〉의 흥행 부진은 영화사의 앞날을 불안하게 만들었습니다. 그래도 영화사는 세 번째 영화 〈먼동이 틀 때〉를 시작하였습니다. 한 영화사가 세 번째 영화를 만든다는 것은 그 자체로 놀랄 만한 일이었습니다. 그만큼 초기 영화 제작 여건이 어려웠다는 뜻입니다. 〈먼동이 틀 때〉는 제작에 참가한 영화인들의 노력과 기대를 뒤로한 채 흥행 성적이 부진했습니다. 어려운 여건에서 두 편의 영화가 잇따라 흥행에 실패하자 영화사는 더 이상 버틸 수 없었습니다. 결국 계림영화협회는 문을 닫고 말았습니다.

나운규로서는 힘든 시간의 연속이었습니다. 영화계에 들어오기만 하면 모든 일이 다 이루어질 것 같았는데, 몸담는 영화사마다 얼마 버티지 못하고 문을 닫는 일이 거듭되니 자신이 무엇을 해야 할 것인지, 무엇을 할 수 있는지 확신하기 어려웠습니다. 그렇다고 영화계에 몸담은 것을 후회하지는 않았습니다. 힘든 시간을 거치면서도 연기하는 방법, 시나리오 쓰는 법을 차근히 배우고 연기 연습을 계속했습니다.

계림영화협회가 문을 닫은 뒤 '조선키네마프로덕션'이라는 영화사가 문을 열고 사람들을 모았습니다. 오늘날 서울 충무로 부근인 진고개에서 '요도야(淀屋)'라는 모자 가게를 경영하던 일본인 요도 도라조가 세운 영화사였습니다. 영화 사업이 주목받는다는 것에 흥미를 가지면서 시작한 것입니다. '조선키네마프로덕션'은 부산에서 생긴 '조선키네마주식회사'와는 다른 회사입니다.

나운규는 조선키네마프로덕션에 배우로 들어갔습니다. 그 당시는 배우의 숫자가 많지 않았기 때문에 몇 편의 영화에 출연한 경험이 있는 나운규는 이름이 꽤 알려진 상태였습니다.

1926년 4월, 충무로에 사무실을 마련한 조선키네마프로덕션은 첫 번째 영화로 〈농중조(새장 속에 든 새)〉를 만들었습니다. 1924년에 큰 인기를 모았던 일본 영화를 우리나라 현실에 맞게 만든 영화였습니다. 나운규는 복혜숙, 이규설, 이원용과 함께 주연을 맡았는데 연기가 뛰어나다는 평가를 받았습니다. 이 영화는 흥행에서 성공을 거두었고, 나운규는 영화계에서 주목받는 배우가 되었습니다. 나운규는 부산에서 처음 영화에 출연하던 때와는 위상이 많이 달라졌습니다.

〈농중조〉가 흥행에 성공하자 영화사는 자신감을 얻었습니다. 그래서 곧 두 번째 영화, 〈아리랑〉 제작에 들어갔습니다. 나운규는 이 영화에서 처음으로 주연을 맡았습니다. 누이동생 영희 역은 신일선, 친구인 현구 역은 남궁운, 아버지 역은 이규설, 마을 사람을 괴롭히는 오기호 역은 주인규가 맡았습니다. 나운규는 이 영화의 시나리오까지 썼습니다. 직접 쓴 시나리오로 만드는 영화의 주인공까지 맡은 것이지요.

　나운규가 이 영화의 주인공으로 결정된 것은 그가 각본을 썼다는 이유도 있지만, 주인공의 역할이 정신분열을 일으킨 청년이어서 나운규의 인상과 잘 어울린다는 평가를 받았기 때문입니다. 나운규는 〈아리랑〉의 시나리오를 쓰면서 재미와 현실감을 적절히 조화시키고, 이야기를 빠르게 펼쳐 나가는 데 신경을 썼습니다. 그 무렵 다른 나라 영화들은 관객을 놀라게 할 만큼 규모가 크고 재미있는 장면이 많았습니다. 또 이야기가 빠르게 이어져 관객들을 즐겁게 했습니다. 하지만 우리나라 영화는 그 정도 수준이 아니어서 관객들이 그리 좋아하지 않았습니다. 영화의 규모는 빈약하고 내용은 단순하며 촬영이나 편집 기술도 부족했기 때문에 외국 영화들에 비하면 수준 차이가 많이 나는 형편이었습니다.

영화의 등장:
정지된 사진에서 움직이는 영상으로

　영화의 옛날 이름은 '활동사진'입니다. 이름 그대로 '움직이는 사진'이라는 뜻입니다. 영화필름을 들여다보면 비슷한 모습의 사진이 여러 장 이어져 있는 것을 볼 수 있습니다. 이것을 한 장씩 따로 떼어 놓으면 조금도 움직이지 않는 사진이지만 영사기에 걸어서 일정한 속도로 돌리면 마치 사진이 살아나서 움직이는 것처럼 보입니다.

　'움직이는 사진'을 개발하려는 연구는 오랫동안 여러 사람에 의해서 진행되었습니다. 사진을 만드는 기술, 그 사진을 화면에 비추는 환등 효과, 사진과 환등의 기능을 더욱 발전시켜 움직이는 사진을 개발하려는 연구는 서로 영감을 주고받으며 빠르게 발전했습니다.

　우리가 눈으로 보는 사물을 그대로 보여주는 '사진'을 처음 개발한 사람은 1826년, 조제프 니세포르 니에프스(Joseph Nicéphore Niépce)라는 프랑스인이었습니다. 여러 가지 연구 활동에 몰두했던 그는 자동으로 영상을 얻을 수 있는 방법을 연구했습니다. 빛에 민감한 여러 가지 물질을 이용하여 1816년 4월 무렵 '헬리오그래피(heliography, 해가 그리는 그림)'라는 사진 기술을 개발하였습니다. 그러나 이때의 작업은 카메라를 이용하지 않은 상태로 그림만 고정시키는 수준이었습니다. 1822년에는 유리 위에 판화를 올려놓고 그 그림을 복사해 정착시키는 단계로 발전했고, 1826년에 이르러서야 카메라를 이용한 사진을 만드는 데 성공했습니다.

그러나 니에프스가 개발한 사진 기술은 쨍쨍한 햇빛을 받는 상태에서도 8~9시간 정도가 걸려야 사진을 찍을 수 있었습니다. 놀랍기는 하지만 불편한 부분이 많았습니다. 말하자면 니에프스의 기술은 쉽고 편하게 사용하는 단계로 발전시켜야 하는 과제를 안고 있는 상태였습니다. 이때 '다게르'라는 인물이 사진 기술의 개발에 공동으로 참여하겠다는 제안을 하자 니에프스는 함께 연구를 진행했습니다. 그러나 니에프스는 연구가 마무리되기 전에 세상을 떠났고, 다게르가 그동안의 연구를 이어받아 노력한 끝에 더욱 간편하고 효과적인 사진 기술을 개발하는 데 성공했습니다. 1839년 1월 9일, 이

연구의 성과는 '다게레오타이프(Daguerreotype)'라는 이름으로 세상에 알려졌습니다. 다게레오타이프 사진은 노출 시간도 20~30분으로 줄였고, 영상의 이미지도 이전의 어떤 결과보다도 우수했습니다. 우리가 '사진'이라고 부르는 기술의 핵심적인 부분이 사실상 완성된 것이라고 할 수 있습니다.

사진 기술은 계속 발전해 카메라와 필름의 성능이 개선되어 쉽고 빠르게 촬영할 수 있게 되었습니다. 오늘날에는 디지털 기술이 널리 보급되어 필름을 사용하지 않고도 사진을 찍을 수 있게 되었습니다. 사진 기술이 널리 보급되자 이를 이용하여 우리가 실제로 보는 것처럼 움직이는 모습을 개발하려는 노력이 뒤따라 나왔습니다.

사진이나 영화가 나오기 전에도 사물이 움직이는 것 같은 느낌을 주는 장치들은 더러 있었습니다. 손이나 인형을 이용한 그림자놀이, 회전판을 이용한 움직임 같은 것들입니다. 사진이 개발되면서 그런 기법들은 더욱 정교해졌고, '움직이는 사진'에 이르러서는 마침내 눈으로 보는 것과 똑같은 모습을 재현할 수 있게 되었습니다.

영화는 여러 가지 과학적 원리와 사진 기술, 많은 사람의 창의적 연구가 합쳐진 결과물입니다. 그래서 영화는 어느 한 사람만의 연구로 완성된 것이 아니라는 점을 유의하여 '발명'했다고 하지 않고 '개발'했다고 합니다. 19세기 후반 프랑스, 영국, 독일, 덴마크, 미국 등 여러 나라에서 동시에 진행된 개발의 시도와 경쟁은 1890년대에 이르러 거의 완성됩니다. 미국에서는 에디슨이 '키네토스코프(kinetoscope)'라는 이름으로, 프랑스에서는 뤼미에르 형제가 '시네마토그라프(Cinematographe)'라는 이름으로 세상에 내놓게 됩니다.

영화를 상영하기 위해서는 영상을 포착할 수 있는 촬영기(카메라)와 영상을 화학적으로 기록할 수 있는 필름, 일정한 속도로 필름을 돌리며 영상을 화면에 비추는 영사기 같은 장비가 필요합니다. 그런 것들을 만들기 위해서는 공업 기술과 화학, 광학 등 여러 가지 현대적 기술이 바탕이 되어야 합니다. 영화가 등장한 것은 여러 가지 과학 기술과 사람들의 상상력, 새로운 발명에 대한 호기심과 노력이 합쳐져 놀라운 결과를 만들어 냈다는 뜻입니다.

키네토스코프나 시네마토그라프는 모두 '움직이는 사진'을 보여 준다는 점에서는 닮았지만 키네토스코프는 상자 속에서 움직이는 영상을 한 사람씩 들여다보는 방식인데 비해 시네마토그라프는 오늘날 우리가 영화관에서 보는 것처럼 화면에 크게 비추어 보는 방식입니다. 움직이는 사진을 보여 준다는 점에서 둘은 닮았지만 한꺼번에 많은 사람이 동시에 볼 수 있다는 점, 시설과 운영비용을 절감할 수 있다는 점으로 인해 시네마토그라프가 더 널리 보급되었습니다. 움직이는 사진, 즉 영화 개발 경쟁에서 시네마토그라프가 키네토스코프 방식을 누르고 일반화되기 시작한 것입니다.

뤼미에르 형제는 1895년 12월 28일 프랑스 파리 시내에 있는 '그랑카페'에서 입장료를 받고 영화 상영 사업을 시작했습니다. 그전에는 영화를 개발하는 사람들끼리 보고 즐기는 수준에서, 입장료를 내고 오는 사람이라면 누구나 영화를 볼 수 있는 대중 상영을 시작한 것입니다.

그러나 정작 영화를 개발한 에디슨이나 뤼미에르 형제는 영화의 미래에 대해 큰 기대를 하지 않았습니다. '움직이는 사진'을 보는 것은 신기한 일이지만 사람들이 호기심을 갖는 시간은 그리 오래가지 않을 거라 생각했기 때문입니다. 비슷한 시기에 영화를 개발한 경쟁자들이 많았고 그것을 모방하는 경우도 적지 않았기 때문에 더욱 그런 생각을 하게 되었습니다. 에디슨은 영화를 이용한 사업에 별다른 노력을 하지 않았고, 뤼미에르 형제는 아직도 사람들이 '움직이는 사진'을 신기하다고 여길 때 서둘러 사업을 해서 이익을 얻어야 한다고 생각했습니다. 그래서 뤼미에르 형제는 '시네마토그라프상영단'을 꾸려서 다른 나라를 돌아다니며 흥행 사업을 했습니다.

영국, 독일, 덴마크, 러시아 등을 차례로 거쳐 나갔습니다. 이런 과정을 통해 영화는 세계 여러 나라로 퍼져 나가기 시작했습니다.

이 같은 경로를 통해 아시아 지역에도 영화가 소개되었는데, 인도에서 가장 먼저 상영되었습니다. 1896년 7월 7일부터 뭄바이의 왓슨호텔에서 일반 상영회를 가진 것이 인도에서의 첫 상영이었으며 아시아 지역에서 처음으로 영화가 대중적으로 소개되는 계기였습니다.

인도에 이어 영화가 소개된 나라는 중국인데 뤼미에르영화사의 상영단이 1896년 8월 11일 상해(上海)의 서원(徐園) 안에 있던 우일촌(又一村)에서 처음으로 시사회를 열었습니다.

다음으로 소개된 나라는 일본입니다. 그러나 일본은 인도나 중국과는 달리 일본인이 직접 영화를 수입했을 뿐 아니라 시네마토그라프보다 미국 에디슨사가 만든 키네토스코프를 먼저 대중 공개에 이용했다는 점에서 좀 더 능동적으로 영화를 받아들인 경우에 해당합니다.

다카하시 신지(高橋信治)와 미키 후쿠스케(三木福助)라는 흥행사가 공동으로 에디슨사가 만든 키네토스코프 2대를 수입해 1896년 11월 25일부터 신코구락부(神港俱樂部)라는 모임에서 일반에게 공개한 것이 일본에서 처음으로 영화가 대중

일본에서 처음으로 영화를 상영할 때의 모습을 그린 그림

에게 소개된 자리였습니다.

시네마토그라프는 키네토스코프보다 약 3개월 후에 일본에 수입되었는데, 프랑스에 유학했던 이나바타 가쓰타로(稻畑勝太郎)가 시네마토그라프 장비를 사들여 1897년 2월 15일 오사카의 난찌연무장(南地演舞場)에서 일반 공개를 겸한 흥행을 위해 공개된 것입니다. 2월 15일부터 오사카에서 시작된 시네마토그라프의 일반 공개는 열흘쯤 후인 같은 달 24일을 전후해 도쿄(東京)로 이동하게 되었는데, 대략 1897년 2월부터 일본에서 영화의 대중적인 상영이 본격화되었다고 할 수 있습니다.

버튼 홈스, 영화를 소개하다

우리나라에는 언제 영화가 처음 들어왔을까요? 1901년 여름 무렵, 세계 여러 나라를 여행하고 있던 미국인 엘리어스 버튼 홈스(Elias Burton Holmes)가 일본에서 여객선을 타고 인천으로 들어와 서울에 왔습니다. 그는 영사기와 필름을 가져와 고종 황제를 비롯해 친척과 관리들이 모인 자리에서 상영했습니다. 영화를 본 사람들은 모두 신기해하며 감탄했습니다. 어떻게 사람들이 눈앞에서 움직이고 풍경이 펼쳐질 수 있는지 놀란 것이지요. 버튼 홈스는 사진과 영화 장비를 가지고 서울의 여러 곳을 다니며 촬영을 하고 영화도 보여 주었습니다.

그는 〈버튼 홈스의 여행기(1901년)〉라는 책에서 자신이 일본을 거쳐 한국에 올 때 촬영기와 휴대용 영사기 같은 영화 장비를 가지고 있었으며 이를 황실에 소개하고 서울의 여러

버튼 홈스 일행이 남대문을 촬영하고 있는 장면

가지 풍물을 촬영했음을 자세하게 밝히고 있습니다. 이 내용
에 따르면 버튼 홈스는 고종 황제에게 영화를 소개한 것은 물
론 서울 시내 안팎의 풍경, 남대문 부근에서 일어난 전차와 달
구지의 충돌 장면 등을 촬영했다고 밝히고 있습니다. 황제의
친척을 통해 영화 상영 장비를 궁궐에 소개하고 이를 본 황제
가 버튼 홈스 일행을 궁궐 안으로 초청해 연회를 베풀어 주고
하사품까지 주었다는 내용도 전하고 있습니다. 영화 때문에
황제를 만나고, 그 보상으로 선물까지 하사했다는 내용은 당
시 사람들이 영화를 얼마나 신기하게 여기며 놀라워했는지를
보여 주는 부분입니다. 이 같은 과정이 우리나라에 영화가 소

개되는 첫 번째 계기였습니다.

버튼 홈스 일행이 황실에 영화를 소개한 이후 황실이나 그 밖의 다른 곳에서 또다시 영화가 상영되었다는 사실이 나타나는 것은 같은 해 9월입니다. 〈황성신문〉에는 영화를 보고 난 후의 감상을 알리는 기사가 실려 있습니다. '활동사진(活動寫眞)이 사람 활동보다 낫다'는 제목으로 실린 글의 내용은 다음과 같습니다.

사람들이 활동사진을 보고 신기해 정신이 팔려 입을 다물지 못하고 참으로 묘하다고 감탄하였다. 활동사진은 곧 촬영한 그림에 지나지 않는데도 그것이 배열되어 움직이는 것이 마치 사람이 살아서 움직이는 것과 같으니 가히 '살아 있는 그림〔活畵〕'이라 할 만하다. 활동사진이 끝나고 나자 이토록 눈을 현혹시키는 법이 있는가 하고 의문을 갖는 사람이 많았다. 촬영한 그림이 몸〔體〕이 되고 전기가 그것을 움직임으로써 활동하게 되는 것이니 이처럼 신기한 조화를 부리는 물건은 옛날부터 본 적도 들은 바도 없는 것이니, 우리나라는 어느 세월에 이같이 묘한 기술을 터득할 수 있을 것인가라는 탄식까지도 나왔다. 〈황성신문〉, 1901년 9월 14일.

일본의 요시자와 쇼텡(吉澤商店)이라는 회사가 중국 베이징(北京)에서 일어난 시민저항운동(의화단 사건)을 촬영한 기록영화로 추정되는 이 영화는 우리나라에 영화가 차츰 보급되기 시작했음을 보여 줍니다. 하지만 이때의 영화 상영은 한정된 몇몇 사람들을 대상으로 하는 특별 상영에 머물렀습니다. 상영 장소도 일정하지 않았고 시간표도 따로 있지 않았습니다. 그리고 아무나 영화를 볼 수 있는 것도 아니었습니다.

그러다가 1903년 6월에 이르러서야 누구나 영화를 볼 수 있는 단계로 올라섰습니다. 한정된 몇몇 사람들에게만 소개되던 영화가 입장료만 내면 누구나 볼 수 있게 대중화되기 시작한 것입니다. 〈황성신문〉에 실린 다음과 같은 영화 광고는 당시에 영화가 새로운 대중문화로 등장하고 있음을 보여 주고 있습니다.

동대문 안 전기회사 기계창에서 상영하는 활동사진은 일요일과 비오는 날을 제외하고는 매일 오후 8시부터 10시까지 계속하는데, 우리나라와 외국 여러 나라의 큰 도시 그리고 여러 극장의 아름다운 풍경을 갖추고 있습니다. 입장 요금은 10전입니다. 〈황성신문〉, 1903년 6월 23일.

한국 최초의 영화 상영장이었던 동대문활동사진소

　'동대문 전기회사 기계창'은 당시 서울에 전차 시설을 공사하던 한성전기회사의 발전소 겸 전차 차고를 가리키는 것입니다. 이곳의 마당 한곳에 영사막을 세우고 사람들에게 영화를 보여 준 것입니다. 입장료를 내면 누구나 영화를 볼 수 있게 된 것인데, 매일 저녁 천여 명이 넘는 관객이 모여들어 성황을 이루었다고 합니다. 저녁에 영화를 상영한 것은 어두워져야 제대로 볼 수 있었기 때문입니다.

　한성전기회사는 우리나라에 영화가 널리 알려지는 과정에서 중요한 역할을 했습니다. 처음으로 영화의 상업적 상영을 시작했을 뿐 아니라 영화를 상영했던 곳이 '동대문활동사진소'라는 영화 상영장이 됨으로써 영화가 대중적으로 보급되는 과정에서 극장의 역할을 맡게 되었기 때문입니다.

활동사진(活動寫眞)이라는 용어는 일본에서 만들어진 것으로, 일반적으로 쓰이기 시작한 것은 대략 1897년부터였습니다. 일본에 영화가 수입되는 과정에서 영화에 대한 명칭은 '축동사영(蓄動射影)', '활동대사진(活動大寫眞)', '자동사진(自動寫眞)', '자동환화(自動幻畵)' 등 여러 가지로 불렸는데 '스스로 움직이는 사진', '움직이는 큰 사진', '움직임을 저장했다가 비추어 보는 그림'이라는 뜻을 담고 있습니다. 그러다가 1897년부터 '활동사진'이라는 용어가 일반화되었습니다. 미국에서는 영화를 '모션 픽처스(motion pictures)' 또는 '무빙 픽처스(moving pictures)'라고 불렀는데 이는 모두 '움직이는 사진'이라는 뜻을 나타내고 있는 것입니다. '활동사진'이라는 말도 '움직이는 사진'이라는 말과 같은 뜻입니다. 우리나라에서 영화를 '활동사진'이라고 한 것은 일본에서 사용하던 용어를 도입한 것이라고 할 수 있습니다.

사람들이 영화를 보고 신기함에 놀라워하기도 했지만, 영화를 보려는 사람이 그렇게 많다는 것도 놀라운 일이었습니다. 영화를 상영하는 일이 새로운 사업이 될 수 있다는 것을 확인할 수 있었기 때문입니다.

그러자 서울에 영화를 상영하는 곳이 하나둘씩 생겨나기 시작했습니다. 처음에 한성전기회사 마당은 밤에만 영화를 상영하는 장소였습니다. 오늘날과 같은 시설을 갖추지 못했기 때문에 어두워지기를 기다려 마당에서 상영했습니다. 비가 오거나 바람이 불면 영화를 보기가 어려웠습니다. 그러나 한성전기회사의 뒤를 이어 영화를 상영한 사람들은 실내에 시설을 갖추어 영화를 상영했고 설비는 점차 좋아졌습니다. 한성전기회사도 시설을 개선하게 되었는데, 차츰 극장의 모습을 갖추었습니다. 처음에는 특별한 이름 없이 '전기회사 마당', '동대문활동사진소' 등으로 불렸지만 1905년부터는 '광무대'로 바뀌었고 영화 상영뿐만 아니라 판소리, 춤도 함께 공연했습니다.

한편 종로에서는 단성사, 연흥사, 장안사 같은 극장이 생겼습니다. 1910년에는 을지로에 '경성고등연예관'이 생겼고 1912년에는 종로에 우미관 극장이 생겼습니다. 이에 따라 미국을 비롯해 프랑스, 이탈리아, 독일, 일본 같은 외국에서 만든 영화들이 점점 더 많이 들어왔습니다. 그러나 여전히 우리나라에서 만든 영화는 없었습니다.

우리 영화를 만들기 시작하다

　1923년에 이르러서야 비로소 우리나라에서도 영화를 만들기 시작했습니다. 서울에 거주하던 일본인들이 〈국경〉이라는 영화를 만들었고 〈춘향전〉도 나왔습니다. 조선총독부는 저축을 하도록 유도하려는 선전 영화로 〈월하의 맹세〉를 제작하여 상영했습니다. 이듬해에는 옛날이야기를 바탕으로 만든 〈장화홍련전〉을 비롯하여 〈해의 비곡〉과 〈비련의 곡〉 같은 영화들이 나왔습니다. 1925년에는 〈운영전〉, 〈심청전〉, 〈암광〉, 〈놀부 흥부〉, 〈개척자〉, 〈한강 대홍수〉, 〈쌍옥루〉, 〈촌의 영웅〉 같은 영화들이 나왔습니다.

　한성전기회사에서 상영한 외국영화를 본 관객들은 20여년이 지나서야 우리나라에서 만든 영화를 보기 시작한 것인데 당시 영화를 제작하거나 감독, 촬영을 맡은 사람들은 대부분 일본인이었습니다. 우리에게는 영화를 만드는 데 필요한 비용이나 기술이 변변하지 못했기 때문입니다. 영화 만드는 방법을 제대로 배운 사람도 거의 없었습니다. 어렵사리 제작을 했더라도 영화의 수준은 매우 낮았습니다. 이야기의 짜임새도 빈약했고 화면 구성도 엉성했습니다.

관객들은 처음 얼마 동안은 한국 영화라면 가리지 않고 구경하며 좋아했습니다. 그러나 시간이 지날수록 수준이 높아지기를 바랐습니다. 당시에 수입되던 외국 영화들은 놀라운 속도로 발전하고 있었던데 비해 우리 영화들은 너무도 빈약했기 때문입니다. 그런 상태에서나마 영화를 만들고자 노력했지만 관객들의 기대를 만족시켜 줄 만한 영화를 만들기는 쉽지 않은 일이었습니다. 〈춘향전〉이나 〈흥부 놀부〉, 〈장화홍련전〉처럼 옛날이야기를 소재로 한 영화들이 더러 나오고 간혹 관객들의 호응을 받은 경우도 있지만 크게 감동을 일으키지는 못했습니다. 그러던 중에 〈아리랑〉이 등장했고, 큰 바람을 일으켰습니다. 관객들은 자신들이 살고 있는 모습과 처지를 그대로 보여 주는 듯한 인상을 받았습니다. 영화 한 편이 이렇게 큰 감동과 흥분을 줄 수 있음을 처음 경험하는 것 같았습니다.

〈아리랑〉, 세상을 놀라게 하다

1926년 10월 1일, 단성사에서 첫 상영을 시작한 〈아리랑〉은 곧 사람들의 관심을 모았습니다. 상영을 시작하기 전에는 그저 또 한 편의 영화가 나오겠거니 하는 정도의 관심을 보였지만 직접 본 이후의 반응은 사뭇 달랐습니다. 큰 감동을 받은 것입니다.

영화계는 물론 전국에서 나운규를 모르는 사람이 없을 정도로 이름이 널리 알려졌습니다. 지금까지 나온 배우 가운데 최고라는 말이 나올 정도였습니다. 그만큼 나운규의 연기는 관객에게 강한 인상을 심어 주었습니다.

시간이 지날수록 〈아리랑〉의 인기는 높아졌습니다. 선풍적인 인기를 얻으며 그 시대를 대표하는 영화가 되었고, 나운규도 최고의 인기를 누리는 배우로 떠올랐습니다. 동아일보와 조선일보에 실린 영화평에도 〈아리랑〉을 훌륭한 영화라며 칭찬을 아끼지 않았고, 시간이 지날수록 찬사는 끝이 없을 정도로 쏟아졌습니다. 나운규는 기대 이상의 평가를 거둔 것이 만족스러웠습니다. 영화계에 몸담은 사람이라면 누구나 꿈꾸던 일이 현실로 일어난 것이었습니다.

영화는 여러 사람의 노력이 합쳐져서 만들어진 결과이지만 관객들의 관심을 받게 되는 것은 대부분 주인공을 맡은 배우인 경우가 많습니다. 화면을 통해 가장 많이 드러나는 인물인데다 인상이나 맡은 역할이 주목받기 때문입니다. 그런 점에서 〈아리랑〉은 주인공 영진과 그의 누이동생 영희, 영진의 친구 현구, 마을 사람을 괴롭히는 기호가 주목을 받았고, 각각의 인물을 연기한 나운규, 신홍련, 주삼손, 주인규는 주목받는 배우로 떠올랐습니다. 그중에서도 나운규의 인기와 평판은 누구도 따르지 못할 만큼 앞서갔습니다.

성공은 사람의 환경을 바꾸는 계기가 되기도 합니다. 나운규가 영화계 안팎으로부터 주목을 받고 인기가 올라가자 그에 대한 평가와 기대도 그만큼 넓어지고 커졌습니다. 영화사 안에서 그의 존재감도 이전과는 확연하게 달라졌습니다. 이전에는 영화사에 속한 여러 명의 배우 가운데 한 명이었지만 인기가 높아지자 영화사를 대표하는 배우가 된 것입니다. 그

영화 〈아리랑〉의 촬영 스냅사진

가 출연하는 영화는 반드시 성공할 것이라는 예상이 커졌고, 영화에 관한 일이라면 무엇이든 할 수 있을 거라는 기대도 높아졌습니다.

조선키네마프로덕션은 〈아리랑〉이 성공을 거두자, 세 번째 영화로 〈풍운아〉를 제작하기로 결정했습니다. 그야말로 나운규를 위한 영화, 나운규를 앞세운 영화라고 할 정도로 나운규에게 초점을 맞춘 작품이었습니다. 이 영화에서 나운규는 대본을 쓰고 주연과 감독도 맡았습니다. 영화의 이야기를 만들고 주연을 맡으면서 감독까지 하게 되었으니 할 수 있는 일은 다했다고 할 정도로 나운규의 역할이 커진 것입니다. 그만큼 영화사가 나운규에게 거는 기대가 컸고, 그의 재능을 믿어 보겠다는 판단이 담겨 있는 결정이었습니다. 나운규로서는 그가 가지고 있는 재능, 영화를 통해서 표현하고자 했던 생각 등을 마음껏 드러낼 수 있는 기회를 얻게 된 것입니다. 영화계에 들어온 이후 처음 맞는 대우였습니다.

〈풍운아〉는 러시아에서 떠돌던 '박 니콜라이'라는 청년이 고국에 돌아와 절망에 빠진 연인을 도와준 뒤 다시 떠난다는 이야기를 담고 있습니다. 나운규가 러시아를 떠돌던 때 듣고 보았던 경험을 바탕으로 꾸며 냈습니다.

이 영화도 흥행에서 큰 성공을 거두었습니다. 〈아리랑〉만큼은 아니지만, 그런대로 만족할 만한 수준이었습니다. 나운규는 대본을 쓰고 연기를 하며 감독도 할 수 있다는 사실을 보여 준 셈이고, 〈아리랑〉에서 거둔 인기뿐만 아니라 영화인으로서의 재능을 드러낸 기회였기 때문에 잘된 일이었습니다. 나운규는 조선키네마프로덕션에 소속되어 있었지만 영화계에서의 인기나 명성, 영화 제작 역량 등 여러 측면에서 당시 영화계를 대표하는 인물이 되었습니다. 어디를 가더라도 그를 알아보는 사람이 많아졌고 그와 같이 영화를 해보겠다는 사람도 많아졌습니다. 우리나라 사람이 만든 영화가 이만큼 성공을 거둘 수 있을 거라는 예상을 하기 어려웠지만 그는 증명하였고, 영화가 사람들을 감동시키며 관심을 받을 수 있다는 사실도 보여 주었습니다. 나운규 개인으로서나 영화계 전체로 보더라도 처음 맞이하는 변화였습니다. 그가 지금까지 살아온 인생에서 처음 맞는 성공이자 가장 빛나는 시기를 경험하게 된 것입니다.

〈풍운아〉는 나운규가 소년시절부터
이역 땅을 방황하면서 겪은
자신의 체험을 살려 만든 영화다.
영화 〈풍운아〉에서의 나운규

친구 윤봉춘을 영화계로

〈아리랑〉과 〈풍운아〉가 성공하여 크게 유명해진 나운규는 이 영화들을 가지고 고향 회령을 찾아갔습니다. 영화배우가 되겠다며 고향을 떠난 지 3년 만에 돌아가는 길이었지만 이번에는 당당하고 자랑스러운 모습이었습니다. 나운규가 돌아온다는 소식을 들은 친구들은 기쁜 마음으로 환영식을 해 주었습니다. 감옥 생활을 함께했던 윤봉춘, 김용국은 특히 더 반가워하며 감격해했습니다. 이들 뿐만 아니라 기차가 도착하는 회령역에는 나운규 일행을 구경하려는 사람들이 구름처럼 모여들었습니다. 회령 사람 중에서 나운규만큼 유명한 인물은 없었습니다. 더구나 영화를 통해서 인기를 얻고 유명해진 인물은 그가 처음이었으니 회령 사람들은 신기하고 반가웠습니다.

회령을 찾은 나운규 일행 중에는 당시의 유명한 변사 우정

고향에서 친구들과. 앞줄 가운데가 윤봉춘이다.

식도 있었습니다. 그는 당시 변사들 중에서 첫손에 꼽는 유명한 인물로, 나운규보다 더 먼저 알려졌고 인기도 그에 못지않았습니다. 그때까지만 해도 모든 영화는 소리를 내지 못하는 무성영화였습니다. 효과음은 바이올린, 아코디언 같은 악기를 이용해서 악사들이 연주했고 등장인물들이 주고받는 대사나 영화의 내용은 변사들이 설명해 주었습니다. 지금의 영화들은 영상과 소리를 함께 작동시키지만 무성영화는 영상만비치고 소리는 담지 못했습니다. 그래서 영화의 내용을 설명해 주는 사람이 있었는데, 이렇게 영화를 설명해 주는 사람이바로 변사였습니다.

우리나라에서 변사는 1910년경부터 본격적인 활동을 시작했고 1930년대 초반까지 절정의 인기를 누렸습니다. 1930년대에 들면서 소리를 내는 영화(토키 또는 발성영화)가 널리 보급되면서 점차 사라졌는데, 극장이 없는 시골이나 도시 변두리 극장에서는 1950년대까지 간간이 활동하기도 했습니다. 처음에는 서울에 살고 있는 일본인 관객들을 위해 일본인 변사가 주로 활동했지만 차츰 우리나라 사람들의 숫자가 늘어났습니다.

무성영화가 한창 유행하던 시절에 영화를 보는 관객들은 무슨 영화가 어느 극장에서 상영되는가에 대해서 관심을 가지면서도 어느 변사가 그 영화를 설명하는가를 더 중요하게 생각할 정도였습니다. 그만큼 변사의 역할이 중요했습니다. 변사가 영화의 분위기를 어떻게 전달하느냐에 따라 관객이 느끼는 감동이 달랐기 때문입니다. 그러다 보니 변사의 인기가 영화의 흥행에 중요한 몫을 차지했습니다. 그래서 극장 사장들은 인기 있는 변사를 불러오려고 애를 썼습니다. 배우보다 더 많은 월급을 주기도 하고 옷이나 쌀 같은 선물을 주기도 했습니다. 변사가 인기를 모으던 시절, 우정식도 손꼽히는 인기 변사 가운데 한 명이었습니다.

전국에서 가장 인기 있는 영화와 함께 영화에서 주연한 최고의 인기 배우, 배우보다 더 유명한 변사가 회령에 왔다는 소식은 순식간에 퍼졌습니다. 소문난 영화를 볼 수 있는 것만도 즐거운 일인데, 그 영화에 고향 사람이 주연을 맡았고 그 배우가 지금 눈앞에 있다는 사실이 믿기 어려울 정도로 신기하고 즐거운 일이었으니 회령 사람들이 들썩거리는 것은 당연했습니다.

나운규는 '만년좌'라는 극장에서 자신이 주연한 영화를 상영했습니다. 특히 〈아리랑〉을 보고 난 뒤 사람들의 감격은 대단했습니다. 누구보다도 윤봉춘은 큰 감동을 받았습니다. 영화 속에는 사람들의 살아가는 모습이 그대로 살아 숨 쉬는 듯했습니다. 흥분과 감동을 자아내는 영화의 힘을 비로소 느낄 수 있었습니다.

"왜 〈아리랑〉이 그렇게 유명한지 이제야 알겠다. 영화의 힘이란 참으로 대단하구나."

그때 윤봉춘은 동네의 교회 일을 보면서 지내고 있는 중이었는데, 독립운동을 하다 감옥에 갔다 온 경력 때문에 항상 경찰의 감시를 받고 있었습니다. 그래서 고향에 있으면서도 마음속으로는 답답하고 불안한 마음을 가지고 있었습니다. 윤봉춘은 영화에서 새로운 감동과 희망을 얻었습니다.

"나도 영화배우가 되고 싶은데, 네가 도와줄 수 있겠니?"

"잘 생각했네. 물론 도와야지. 서울에 가서 준비가 되는 대로 부를 테니 그때까지만 기다려 봐."

"그래, 하루라도 빨리 영화계에서 일했으면 좋겠다."

윤봉춘은 나운규와 함께 청진 감옥에서 1년 6개월을 보냈었습니다. 그리고 감옥에서 나온 뒤에는 고향에 머무르며 교회 일을 도우며 생활하고 있었습니다.

윤봉춘의 아버지 윤득주는 젊은 시절 동학 농민 운동에 참여했다가 함경도로 피신을 와서 숨어 살다시피 했습니다. 윤봉춘은 그의 아버지가 피신을 다니는 사이 정주의 어느 농가에서 태어났는데, 아버지가 회령에 정착한 것이 계기가 되어 그곳에서 자랐습니다. 그에게는 회령이 태어난 곳은 아니었지만 어린 시절과 청년 시절을 보낸 곳이어서 고향이나 다름없었습니다. 나운규와는 나이도 비슷하고 이웃하여 자란 덕분에 누구보다도 각별한 사이였습니다.

나운규는 조선키네마프로덕션이 제작하기로 한 〈야서(野鼠, 들쥐)〉에 윤봉춘을 출연시키기로 작정하고 그에게 서울로 오라고 연락했습니다. 어릴 때부터 친구인 윤봉춘이 같은 영화에 출연하게 된 것이 무척이나 기뻤습니다. 이 일을 계기로 윤봉춘은 영화배우가 되었고 나중에는 영화감독과 제작 일도 했습니다. 이후 영화와 관련된 여러 일을 하면서 동료와 후배 영화인들로부터 존경받았습니다.

초창기 한국 영화계 사정

　나운규가 영화계에 몸담았던 시절은 한국 영화의 태동기나 다름없었습니다. 1923년에 들어서서야 온전한 형태의 영화가 만들어진 것을 감안하면 나운규가 영화계에 발을 들여놓은 1925년은 한국 영화가 자리 잡기 시작한 때나 마찬가지였습니다. 1923년 1월 13일 단성사에서 상영된 〈국경〉은 우리나라에서 처음으로 만든 극영화였습니다. 일본인들이 중심을 이룬 일선영화회사(日鮮映畫會社)가 제작한 이 영화는 필름이 약 1만 피트에 이르는 장편이었습니다. 한국과 국경을 맞대고 있는 중국 안동현(현재는 단동)에서 일어난 마적 사건을 소재로 한 극영화로, 박순일을 비롯한 20여 명의 한국인 배우와 중국인이 출연한 활극이었습니다. 이 영화가 만들어진다는 소식이 알려지자 많은 관심과 기대를 모았습니다.

활동영화계에서 처음으로 조선에서도 서양 활동사진처럼 촬영한 사진(영화)이 이제 등장하게 되었다. 지금까지 연쇄극을 활동사진처럼 여기던 것을 아쉽게 생각하여 어느 문학사가 출판한 〈국경〉이라는 걸작 소설을 각색하여 신의주 일대를 배경으로 순전히 조선인, 중국인 배우를 사용하여 최장편이라고 할 열 권의 대활극 조선활동사진을 만들어 지금 현상중이라고 하며, 이달 십오 일경이면 단성사 무대에 처음으로 상영할 예정이라는 바 그때는 조선인 영화 애호가들이 환영할 것이 분명하다. 조선인들이 만든 열 권짜리 활동사진은 참으로 놀라운 일이라고 할 만하다. 〈매일신보〉, 1923년 1월 5일.

우리 조선 안에 활동사진을 상영하는 극장은 여러 곳이 있으나 아직까지 우리 조선의 사정을 소재로 삼고 조선인 배우들이 출연하여 만든 활동사진을 일반 관객에게 보여 준 경우는 없었다. 이번에 처음으로 오만 원이라는 큰돈을 들여 두 달 동안 이십여 명의 조선 배우가 출연하여 〈국경〉이라는 활동사진을 송죽회사에서 촬영하였는데, 중국과 조선 간에 있는 안동현에서 생긴 사건을 소재로 한 것이라고 한다. 이 활동사진은 오늘부터 시내 단성사에서 영사한다더라. 〈조선일보〉, 1923년 1월 13일.

그러나 우리나라에서 만든 첫 영화라며 관심을 모았던 이 영화는 단성사에서 상영을 시작했으나 뜻밖에도 하루 만에 상영이 중단되고 말았습니다. 영화 내용이 관객들의 호응을 받

우리나라에서 처음 만든 극영화 국경(1923)의 상영광고

기는커녕 오히려 비난과 항의를 받았기 때문입니다. 한국인 배우들이 출연했지만 일본의 조선 침략을 정당화하며 한국인들을 무시하는 내용이 들어 있었습니다. 이 영화는 이후 몇 차례 더 상영되었지만 소란만 계속 일으킬 뿐 별다른 흥행을 하지는 못했습니다.

이 영화의 뒤를 이어 나온 것이 조선총독부가 제작한 저축장려 계몽영화 〈월하의 맹세〉입니다. 〈국경〉 상영보다 2개월 정도 늦은 1923년 4월 9일 경성호텔에서 시사회를 갖고 전국에서 무료로 순회 상영된 이 영화는 2권(약 2천 피트) 길이의 단편 영화였습니다. 윤백남이 각본과 연출을 담당했고 권일청, 이월화 등이 출연했는데, 상업적 목적으로 제작된 작품이 아니라 계몽과 선전을 위한 홍보용 영화로 제작한 것입니다. 이곳저곳을 찾아다니며 무료로 보여 주었습니다. 입장료

를 받고 흥행을 목적으로 만든 〈국경〉과는 성격이나 형태가 달랐습니다.

한국 영화 출발이 〈국경〉이나 〈월하의 맹세〉 같은 작품에서부터 시작한다는 것은 당시 우리 영화계가 얼마나 어려운 현실과 직면해 있었는지 엿볼 수 있는 부분입니다. 두 영화 모두 한국인 관객을 상대로 만들어졌지만 일본인들이 제작 주체라는 점에서는 다를 바 없기 때문입니다. 〈국경〉은 당시 영화계를 장악하고 있던 일본인들을 앞세워 조선총독부가 후원했고 〈월하의 맹세〉 역시 조선총독부가 저축 홍보를 위해 만든 영화였습니다. 두 경우 모두 한국인 관객을 겨냥하며 만든 영화이지만 일본의 정책을 선전하고 홍보하는 데 목적을 두었다는 점은 다르지 않았던 것입니다. 이 같은 사실은 당시 영화계가 자본, 인력, 기술, 유통 등에서 온전한 기반을 갖추지 못한 채 일본인들이 주도하는 상황에 따를 수밖에 없었다는 안타까운 현실을 보여 줍니다.

1895년 뤼미에르 형제가 프랑스 파리에서 영화를 처음으로 대중 상영한 이후 30년 가까이 지나서야 우리나라가 영화 제작을 시작했다는 것은 우리 사회가 영화를 수용하는 속도가 그만큼 느렸을 뿐 아니라 영화를 제작할 수 있는 기반을 갖추는 일 또한 미비했음을 뜻하는 것이기도 합니다.

한국 영화의 새벽

그 뒤를 이어 나온 영화가 동아문화협회에서 제작한 〈춘향전〉입니다. 우리나라 사람이라면 누구나 알고 있는 고전을 각색한 것입니다. 당시 변사로 인기가 높았던 김조성이 이도령역을 맡았고 춘향 역은 한룡이라는 여자배우가 연기했습니다. 감독은 하야가와 고슈(早川孤舟)라는 일본인이 맡았습니다. 널리 알려진 소재를 각색한 데다 주연배우 또한 친숙한 인물이었던 탓에 이 영화는 금방 화제작으로 떠오르며 흥행에서도 상당한 성공을 거두었습니다. 일본인 자본이 투입되고 일본인이 감독을 맡았지만 관객들은 별로 문제 삼지 않았습니다.

당시 영화들은 대부분 외국 영화였는데, 미국 영화가 가장 많고 프랑스나 이탈리아, 독일, 일본 영화가 섞여 있었습니다. 영화라면 외국 작품들만 볼 수 있는 상황이었고, 우리가 제작

극장 단성사와 광무대를 운영하며
한국영화 제작과 보급에 공을 남긴
박승필. 나운규의 영화제작을
지원하기도 했다.

하는 것은 엄두를 내기 어려울 때 〈춘향전〉이 나왔으니 친숙
한 이야기를 담은 소재와 이름을 알 만한 배우가 나온다는 사
실만으로도 관객들이 갖는 기대와 놀라움은 컸습니다. 영화
의 구성이나 소품, 의상 등은 허술했지만 그것조차도 '조선 영
화'라는 사실에 묻혀 버렸습니다.

　영화 제작이 일반화되기 전, 영화계의 중심지 역할을 한 곳
은 극장이었습니다. 근대화가 늦고 영화 제작이나 유통 기반
이 갖추어지지 않은 당시 여건에서 극장은 흥행의 주도권을
좌우하는 곳이었습니다. 당시 극장을 설립하거나 소유한 사
람들은 대부분 일본인들이었습니다. 극장 설립에 필요한 비
용을 댈 수 있는 능력은 일본인이 아니면 어려웠기 때문입니
다. 우리나라 사람들 중에서는 여유가 있다 하더라도 영화 제

작이나 흥행은 가치 없는 일이라고 생각하며 사업에 참여하지 않았습니다.

판소리나 탈춤 같은 전통 공연뿐만 아니라 영화를 상영하기도 했던 단성사, 연흥사 같은 초기 공연장은 물론, 영화 전문 상영 극장으로 등장한 경성고등연예관의 주인도 모두 일본인이었습니다. 그리고 뒤이어 등장한 우미관이나 대정관, 황금관, 조선극장도 마찬가지였습니다. 박승필처럼 단성사, 광무대 극장을 운영한 경우도 있었지만 일본인이 소유한 시설을 빌려서 운영한 것이었습니다.

극장의 대부분을 일본인들이 소유하고 있었던 만큼 영화계에서 차지하는 일본인들의 영향력은 컸습니다. 시간이 지나면서는 극장을 소유하고 있던 사람들이 영화 제작에 참여하는 경우도 많아졌습니다. 극장은 좋은 영화를 확보하는 일이 중요하기 때문에 직접 만들고자 하는 필요가 커지기 때문입니다.

단성사를 운영하던 박승필은 〈춘향전〉이 흥행에 성공하는 것을 지켜보며 큰 자극을 받았습니다. 연쇄극 제작에는 진작부터 관여하고 있었지만 본격적인 영화 제작은 동아문화협회에 선수를 빼앗긴 모양이 되어 버린 데다 이 영화를 상영한 곳이 조선극장이었다는 사실도 신경 쓰이는 대목이었습니다. 당시 단성사와 조선극장은 경쟁하는 사이로, 둘 다 종로에 있었습니다. 또한 한국인 관객을 주요 대상으로 삼고 있었기 때문에 화제가 될 만한 영화를 확보하는 일은 중요한 관심거리였습니다. 관객 유치에 상당한 영향을 미칠 수 있는 데다 흥행계의 주도권을 쥐는 문제와도 관계가 있었기 때문입니다.

당시 서울의 극장은 한국인이 주로 다니는 극장과 일본인 관객을 위주로 하는 극장으로 나뉘어 있었습니다. 단성사, 우미관, 조선극장은 한국인 관객을 주로 상대하는 극장이었고 황금관, 대정관, 희락관, 중앙관, 낭화관은 일본인이 주로 다니는 곳이었습니다. 각 극장들은 특별히 입장객을 제한하거나 구분한 것은 아니었지만 자연스럽게 모이는 사람들이 달랐고 영화를 설명하는 변사도 한국인 변사와 일본인 변사로 나뉘었습니다.

단성사는 원래 1907년부터 공연장으로 운영돼 왔으나 운영 부실과 화재로 몇 차례 주인이 바뀌는 기복을 겪었습니다. 그러다가 1918년 박승필이 운영권을 확보한 이후부터는 면모를 새롭게 해 한국인 상대의 극장으로 부각하면서 안정된 모습을 보였습니다. 박승필은 단성사뿐만 아니라 판소리, 탈춤 같은 전통 연희를 주로 공연하는 광무대 극장의 운영권도 확보하고 있었는데, 이로 인해 흥행계의 중요 인물로 떠올랐습니다.

나운규와 영화계 동료들(왼쪽부터 이필우(촬영), 임운학(배우), 나운규, 미상)

이때까지만 해도 한국인 관객은 단성사와 우미관이 서로 나눠 갖는 정도였으나 조선극장의 개관(1922년 11월 6일)으로 종로 지역의 영화 흥행은 3개 극장이 서로 경쟁하는 양상으로 바뀌었습니다.

그런 상황에서 동아문화협회가 영화 제작에 손을 대고 조선 극장과 손을 잡는 모양이 되자 박승필은 나름대로의 대응책이 필요하다고 생각한 끝에 단성사에 촬영부(撮影部)를 설치하도록 했습니다. 영화 제작을 할 수 있는 장비와 인력을 갖추고 영화 제작에 직접 나서겠다는 계산이었습니다. 〈춘향전〉이 흥행에 성공한 사실도 크게 영향을 미쳤습니다. 이렇게 해서 만든 영화가 〈장화홍련전〉이었습니다. 동아문화협회가 〈춘향전〉으로 기세를 올리자 단성사 측에서 고전으로 맞대결을 하는 모양처럼 박정현이 감독하고 김옥희, 김운자, 최병룡을 주연으로 내세워 만든 영화입니다. 촬영과 현상, 편집 같은 기술 분야는 이필우가 맡았습니다. 그 결과 〈장화홍련전〉은 제작에서부터 원작, 각색, 감독, 연기, 촬영, 편집에 이르는 모든 분야를 한국인의 힘으로 만든 영화입니다. 비록 일본을 통해 받아들인 기술을 바탕으로 했지만 우리 영화인들의 힘만으로 영화를 완성한 사실은 자부심을 가질 만한 일이었습니다. 당시 여건으로 보자면 수준 자체를 떠나 박수를 받을 만한 영화였습니다. 1924년 9월 5일, 단성사에서 상영을 시작한 이 영화는 관객들의 호의적인 반응을 얻었습니다.

그러나 이 당시의 영화 제작이란 그야말로 소규모 시험 제작 수준을 벗어나기 어려운 상태였습니다. 자본 규모가 극히 취약한 데다 흥행 시장 또한 미미한 규모였기 때문입니다. 조선총독부(경무국 도서과 영화 검열계)가 조사한 1926년 상반기의 극장 및 관객 현황 자료에 따르면 전국의 극장 수는 50개였고, 관객 수는 6개월간을 모두 합쳐 110만 명에 이르렀다고 밝히고 있습니다. 그나마도 50개 극장 중에는 제대로 시설을 갖추지 못한 채 필요할 때마다 임시로 영화를 상영하는 임시극장(기석, 寄席)이 포함되어 있습니다. 이를 지역별로 나누면 서울을 포함한 경기도가 10개의 극장에 관객 수는 55만여 명 정도여서 관객 수로는 전국의 절반을 넘게 차지하고 있습니다. 반년간 입장객수가 55만여 명 정도라면 이를 1년간 관객 수로 추정하면 110만여 명에 이릅니다. 이를 50개 극장으로 나뉘어 평균 관객 수를 헤아리면 1개 극장 당 평균 관객 동원 수는 연간 11만 명, 한 달 평균으로는 1만여 명에도 미치지 못하는 수준입니다. 프로그램에 따라 차이는 있겠지만 잘해야 하루 300여 명 내외의 관객을 불러들이는 수준입니다. 이 정도로는 영화 흥행을 기대하기 어렵고 제작을 한다 하더라도 이익을 내기가 어렵습니다.

1926년도 통계가 그 정도 수준이라면 한국영화 제작이 막 시작되던 1923년이나 24년의 사정은 더 어려웠음은 두말할 필요가 없습니다. 영화 한 편의 상영 기간은 5일 내외, 하루 한 차례 저녁 시간에만 상영하는 정도로는 흥행이 잘된다 하더라도 제작비를 회수하는 일은 만만치 않았습니다.

동아문화협회는 〈춘향전〉에 이어 〈비련의 곡〉(1924), 〈놀부흥부〉(1925)를 제작하고는 더 이상 존속하지 못했고 단성사 촬영부 역시 〈장화홍련전〉 한 편을 제작하고는 후속 작품을 내지 못했습니다. 그런 가운데 1924년 6월, 부산에서 조선키네마주식회사가 설립되었고 백남프로덕션이나 고려키네마, 계림영화협회 같은 군소 영화사들이 생겼다가 사라지는 부침을 거듭했습니다. 초기 영화계는 자본이나 장비, 인력, 유통 등 어느 것 하나 변변하지 못한 상태에서 힘든 걸음을 내딛고 있었습니다.

이 같은 사정을 더욱 어렵게 만든 요소는 당시 정치적, 사회적 환경이었습니다. 영화가 갖는 대중 선전력과 그 효과에 주목한 일본이 감시와 통제를 끊임없이 했기 때문입니다. 일제 강점기 동안 계속된 그 같은 감시와 통제는 영화 활동을 힘들게 만드는 중요한 요소가 되었습니다. 일본은 1905년, 서울에 통감부를 설치한 데 이어 1910년 을사늑약을 빌미로 한국을 사실상 식민지로 삼았습니다. 한국을 무력 지배해야 하는 일본은 가능한 모든 방법을 통해 여론을 무마하고 식민지 통치에 동조하도록 하는 정책을 펴 나갔는데, 영화에 대해서도 마찬가지였습니다.

1907년 7월부터 시행한 보안법은 사회 여러 분야에 대해 규제하는 근거가 되었는데, 일반 공연이나 영화 상영에 관한 통제와 관리는 보안법에 따라 이루어졌습니다. 관객석을 남자와 여자 자리로 각각 구분하고, 17세 이하의 청소년에 대해서는 입장을 제한하고, 규정을 지키지 않는 극장을 영업 정지

시키거나, 영화에 대한 검열 및 경찰관이 극장 안에서 사고가 일어나지 않는지 감시하는 임검(臨檢)을 실시했습니다. 그러나 영화 상영이 늘어나고 사회적 영향력도 그만큼 커지자 영화에 대한 통제와 관리를 좀 더 집중적으로 할 필요가 생겼습니다. 보안법을 근거로 했지만 세부 규정을 하나하나 만들지는 못했기 때문에 단속을 하는 경찰관도 혼란스러워했고, 지역마다 서로 다른 조치를 하는 일도 많았습니다.

1922년에는 연극이나 영화를 아우르는 흥행물 단속규칙을 제정하고 1926년에는 영화 부문만을 따로 규정한 활동사진필름검열규칙을 만들었습니다. 영화에 관한 검열 규정으로는 처음이라고 할 수 있는 활동사진필름검열규칙은 전문 13조와 부칙으로 구성되었는데, 활동사진의 모든 필름은 상영 전에 반드시 검열을 받아야 하며 그렇지 않은 경우는 상영할 수 없도록 했습니다. 또한 검열을 받은 영화라 하더라도 공안 풍속 또는 보안상 필요하다고 인정되는 때에는 상영을 중지시킬 수도 있었습니다. 이때의 영화는 모두 무성영화였기 때문에 상영 도중 변사가 돌발적인 설명을 붙인다든가 관객들의 반응이 예상 외로 나타나는 경우에 대비한 규정이라고 할 수 있습니다.

경기도 경찰부 보안과의 검열 업무 내용을 보도한 당시 신문 보도를 보면 1926년 2월 중 검열을 받은 영화는 서양 영화 249편, 일본 영화 114편에 이릅니다. 이 가운데 공안 풍속을 해친다는 이유로 삭제된 건수는 신파 1건, 구극 2건, 서양극 19건, 희극 1건 등 모두 23건이었고, 삭제된 부분은 주로 키스 장면이며 미국 국기를 흔드는 장면, 금고를 터는 장면, 불량배들이 불을 지르거나 폭탄을 던지는 장면, 강도질 하는 장면 등도 포함되었습니다. 전통적 윤리관과 다른 서양식 애정 표현 장면에 대한 단속이 중심을 이루고 있는 가운데 범죄나 폭력을 조장할 수 있는 요소도 주요 감시 대상이었다는 것을 알 수 있습니다. 결과적으로 공안 풍속에서부터 보안 사항에 이르기까지 포괄적으로 제한을 가할 수 있고 그 대상이 구체적으로 어떤 것인가는 검열을 하는 사람의 판단에 따랐던 형편이었습니다.

영화 제작이나 극장 설립 등은 허가를 받아야 하고 상영하는 영화에 대해서는 검열을 받아야 하며 구체적 기준에 대해서는 검열 당국이 임의로 정할 수 있는 상황은 영화 활동을 심하게 제약하는 요인이 될 수밖에 없었습니다. 나운규가 활동하던 영화계 사정은 그 같은 상황 가운데서도 초기였으므로 어느 한 가지 넉넉하고 여유로운 사정을 찾아보기가 어려운 상태였습니다.

성공에 이은 고난

　〈아리랑〉과 〈풍운아〉의 성공으로 나운규는 황금기를 맞았지만 새로운 난관과 장애물이 다가왔습니다. 성공은 언제까지나 계속되는 것이 아니라 한때의 과정이기 때문입니다.

　나운규의 갑작스러운 성공과 이로 인한 영화사 내에서의 위상 변화는 한편으로는 축복이었지만 다른 한편으로는 불화의 씨앗이었습니다. 나운규를 지나치게 감싸고도는 영화사 측의 태도와 조금은 즉흥적이고 독단적이기까지 한 나운규의 행동에 다른 동료들이 불만을 드러내기 시작했습니다.

　나운규가 출연한 영화가 잇따라 성공을 거두자 영화사 사장 요도는 나운규가 하는 일이라면 무엇이든 믿고 맡겼습니다. 영화의 주연은 물론 시나리오, 감독까지 모두 나운규의 뜻대로 하도록 허락했습니다. 영화사 안에서 나운규만큼 대우와 지지를 받은 경우는 아무도 없었습니다. 당연히 그를 따르는 영화인들도 많아졌습니다. 같이 활동하던 주삼손, 이금룡, 홍개선, 이창용, 이명우 등 대부분의 연기자와 촬영기사들이 그를 따랐습니다. 나운규의 소개로 나중에 영화사에 들어온 윤봉춘 역시 마찬가지였습니다. 그만큼 그의 능력을 인정하며 지지하는 사람들이 늘어나고 있었지만 그때까지 영화계를 이끌어 온 선배 영화인들이 견제하기 시작했습니다. 특히 일본인 감독 쓰모리의 반감은 눈에 띄게 나타났습니다. 남궁운, 이규설, 주인규 등 부산 시절부터 함께 행동했거나 조선키네마프로덕션에서 한솥밥을 먹고 있던 인물들도 나운규의 독단적인 행동을 못마땅하게 여기며 불만을 드러냈습니다.

이들은 대부분 나운규가 부산에서 연구생 배우로 영화계에 발을 들여놓으면서부터 함께 생활하던 선배이자 동료들이었습니다. 〈풍운아〉까지 작업을 함께했던 이들은 결국 나운규와 결별하는 극단적 선택을 하고 말았습니다. 남궁운이나 이규설, 주인규 등은 나운규보다 영화계 경력이 앞서는 선배들이었는데 영화사에서 가장 대우를 받는 인물이 나운규인 데다 나운규 역시 〈아리랑〉과 〈풍운아〉 등의 성공으로 흥분하고 자만에 빠짐으로써 그들을 자극하고 불편하게 만든 것이 결국 내부 분란으로 악화된 것이었습니다.

또 한편으로는 어떤 영화를 만들 것인가라는 문제에 있어 의견이 달랐습니다. 나운규는 관객들이 즐겁게 볼 수 있는 영화를 주로 만들겠다는 생각이었던 데 비해 남궁운, 이규설, 주인규 같은 인물들은 사회주의 이념을 담은 영화를 만들어야 한다는 입장이었기 때문에 심각한 의견 차이를 보였습니다.

당시 영화계에서 흥행 실패로 인해 영화사가 망한 경우는 흔했지만 한참 상승세를 타고 있는 영화사가 내분을 겪는 일은 의외라고 할 만큼 뜻밖의 일처럼 보였습니다. 그만큼 조선키네마프로덕션의 분규는 세상 사람들의 관심을 끌 만했습니다.

조선키네마프로덕션에서 나온 남궁운, 이규설, 주인규는 계림영화협회에서 심훈, 강홍식과 함께 〈먼동이 틀 때〉를 제작했고 뒤이어 남궁운은 황운, 이필우 등과 함께 '극동키네마'라는 영화사에서 〈낙원을 찾는 무리들〉을 제작했습니다.

결국 조선키네마프로덕션의 내분은 누구도 생각하지 못한 갑작스러운 성공으로 생긴 후유증처럼 보였습니다. 나운규의 급격한 부상과 이로 인한 주변 인물들이 느낀 소외감이 영화사 이탈이라는 극단적 결과로 치닫게 된 것이라고도 할 수 있습니다. 이로 인해 조선키네마프로덕션에 남아 있는 인물은 나운규를 중심으로 주삼손, 신일선, 이금룡 등이었는데, 나운규와 뜻을 같이하거나 최소한 남궁운, 이규설, 주인규 등이 나운규와 대립할 때 어느 쪽에도 가담하지 않은 사람들만 남은 셈이었습니다.

이런 일들이 영화사를 불편하게 만든 것은 분명했습니다. 가능하면 큰 마찰 없이 수습되기를 바랐겠지만 어쩔 수 없이 어느 한쪽을 선택해야 한다면 나운규 쪽을 받아들일 수밖에 없었을 것입니다. 영화사의 흥망이 나운규에게 달려 있는 상황에서는 당연한 선택이었습니다. 영화사로서는 나운규가 남아 있는 한 몇 명의 인물들이 이탈한다고 해도 별다른 타격을 받지 않을 것이라는 생각이었습니다. 그만큼 나운규의 인기와 영향력은 절대적이었습니다.

이런 상황에서 조선키네마프로덕션은 〈야서〉를 준비했습니다. 나운규가 원작, 각색, 주연을 맡은 작품으로, 조선키네마프로덕션이 네 번째로 만드는 영화였습니다.

사랑하는 연인을 둔 어느 가난한 집안의 여학생이 아버지의 강요로 포악한 시골 부자에게 마음에 없는 시집을 가게 될 처지에 놓이게 되자 이를 안 거지패 '야서'가 부자를 골탕 먹이고 여학생을 애인에게 돌려보낸다는 내용을 그린 활극조의 멜로드라마입니다. 여자 주인공은 신일선이 맡았고 주삼손, 윤봉춘, 이경선 등이 공연했습니다.

영화 〈야서〉에서 주연을 맡은 나운규

　그러나 이 영화는 뜻밖에 개봉을 앞둔 상태에서 상영 금지 조치를 당했습니다. 총독부의 검열에서 내용 중 일부가 문제가 있다고 시비를 걸었기 때문입니다. 공들여 만든 영화가 상영 금지를 당한다는 것은 영화사로서는 큰 충격이었습니다. 결국 영화는 자막을 새로 정리하고 한 권 분량에 가까운 장면을 삭제하고서야 상영될 수 있었습니다. 나운규나 영화사로서는 예상하지 못한 파문이었고, 그로 인해 크나큰 충격을 받았습니다.

　이 영화에서 기억해 둘 만한 또 한 가지 사실은 나운규와 평생 우정을 나눈 윤봉춘이 배우로 데뷔했다는 점입니다. 고향에서 윤봉춘에게 영화 출연을 주선하겠다고 약속한 나운규는 〈야서〉 촬영을 준비하는 동안 당장 서울로 오라는 편지를 윤봉춘에게 보냈습니다. 일단 고향을 떠나기로 마음을 먹었고, 서울로 간 나운규로부터 이제나저제나 소식을 기다리던 윤봉춘으로서는 주저할 이유가 없었습니다. 되는 대로 주변을 정리하고는 서울로 갔습니다. 그렇게 고향을 떠난 윤봉춘은 곧바로 〈야서〉의 배역을 맡아 배우 활동을 시작했습니다. 나운규가 영화를 통해 새로운 인생을 시작했던 것처럼 윤봉춘 역시 영화인으로서의 길을 걷게 되었습니다.

윤봉춘으로서는 낯설지만 신기한 경험이었고 새로운 인생의 출발이었습니다. 이때부터 그는 영화배우가 되었고 나운규와 평생을 동고동락하는 영화계의 동지가 되었습니다. 어렵사리 촬영을 마친 〈야서〉는 1927년 4월 14일부터 단성사에서 상영했습니다. 영화사가 다른 사람들을 버리다시피 하면서까지 나운규를 붙잡고 만든 영화였고, 어느 면에서는 나운규가 조선키네마프로덕션에 입사한 이후 가장 우대 받는 상황에서 만든 영화였습니다. 영화사로서는 그 같은 선택이 과연 성공적인지 시험받는 기회였습니다. 나운규 본인이나 영화사로서는 낙관했을 것입니다. 비록 검열 과정에서 수난을 겪었지만 그래도 나운규가 주연했다는 사실이 크게 보였을 것입니다. 그러나 결과는 참담했습니다. 그야말로 믿기 어려운 충격이었습니다.

그가 〈풍운아〉에서부터 원작, 각색, 주연, 감독을 겸함으로써 이전에 누구도 하지 못한 1인 주도의 영화 제작을 할 수 있었지만 이 같은 제작 방식은 그의 재능을 과시하는 한편으로 관객의 요구나 취향과 달리 독단적 자만에 빠지는 위험을 안고 있는 것이었습니다.

〈아리랑〉과 〈풍운아〉가 거둔 대중적 호응이 그대로 이어지리라고 기대했던 영화사 측은 허탈한 결과에 크게 실망했습니다. 언제까지 계속될 것 같던 나운규의 인기도 영화에 따라 달라질 수 있음을 알았고, 아무리 나운규의 재능이 뛰어나더라도 나운규 혼자 힘으로는 무리한 부분이 생길 수 있음을 확인한 것입니다.

영화사가 받은 충격은 여기에서 끝나지 않았습니다. 영화사 내부에서 알력이 생겼는데, 이번 내분의 중심에 서게 된 인물은 친구 윤봉춘이었습니다. 쓰모리 감독이 윤봉춘을 심하게 무시하며 구박하는 일이 잦아지면서 나운규와 불편한 사이가 된 것입니다. 쓰모리 감독은 윤봉춘에게 함부로 대하거나 무리하게 일을 시키는 것을 반복했는데, 이는 나운규에 대한 불만을 대신 윤봉춘에게 쏟아붓는 것처럼 비쳤습니다. 이런 일로 나운규와 쓰모리 사이가 몹시 나빠졌고 영화사 분위기도 자못 거칠어졌습니다. 윤봉춘이 당한 모욕은 단원 전체의 불만으로 확대되어 감정적인 대립으로 치달았습니다. 조선키네마주식회사가 일본인 감독 왕필열과 윤백남을 중심으로 한 한국인 배우들 사이에 마찰이 생기고 그것이 감정 문제로 확대되어 결국 단원들이 집단 이탈하는 결과를 낳았던 것과 비슷한 상황이 벌어진 것입니다.

〈야서〉의 흥행 실패와 단원들 간 내부 갈등이라는 문제가 겹친 조선키네마프로덕션은 점점 불안한 상황에 빠져들 수밖에 없었습니다. 서로 힘을 합쳐서 열심히 노력해도 좋은 성과를 거두기 쉽지 않은 상태인데 서로 미워하고 다투는 일이 갈수록 심해진다는 것은 마음 편하게 일하기 어렵다는 뜻이기도 했습니다.

그런 가운데 영화사는 다섯 번째 영화 〈금붕어〉의 제작에 착수했습니다. 이 작품의 시나리오는 나운규의 친구 김용국이 맡았는데, 나운규로서는 오랜만에 자신이 시나리오를 쓰지 않고 다른 사람의 작품을 영화로 만든 것입니다. 이 영화는 금붕어처럼 다정한 젊은 부부가 사소한 오해 때문에 겪는 실연과 상처의 아픔을 비극적인 분위기로 묘사하고 있습니다.

항일 또는 사회폭로를 시도한 영화 〈금붕어〉의 한 장면

영화사는 이 영화를 개봉하는 과정에서 장면 일부를 배우들이 실연하는 무대극을 구상했습니다. 이른바 '프롤로그 공연'으로, 배우들이 무대에서 영화의 한 장면을 그대로 연기하는 것을 가리킵니다. 유명한 배우들이 무대에 직접 나온다는 점에서 관객들의 호기심을 높이는 선전 방법이기도 합니다.

〈금붕어〉의 프롤로그 공연은 성황을 이루었고, 얼마 동안은 흥행이 순조로운 듯했습니다. 프롤로그 공연이기는 했지만 나운규가 무대에 선 것은 회령의 예림회 시절 이후 처음이었습니다. 더구나 지금의 나운규는 그때와 비교할 수 없을 정도로 유명한 배우가 되었기 때문에 그를 보려는 관객들이 많이 모여들었습니다. 그러나 프롤로그 공연에 관객들이 반응한 관심과 흥미에 비해 영화 자체에 대한 평가는 낮았습니다. 프롤로그 공연이라는 이벤트로서는 성황이었지만 영화로서는 실망스러운 반응을 얻은 것입니다.

영화는 별로 좋지 않았는데, '스토리'는 극히 평범하였다. 표현에 있어서 감독자의 고심과 노력이 보였으나 그만한 수고의 가치가 나타나지 못하였을 뿐 아니라 도리어 쓸데없는 노력으로 해가 된 점이 있는 것은 유감이었다. ……배우들의 면모로 보아 나운규 군은 적역이 아니었다고 생각한다. 그래서 이번 출연은 실패에 가까웠다. 영화는 앞부분을 보다가 곧 뛰어나오고 싶은 것을 몇 번이나 참고 볼 만치 지리한 느낌을 일으켰고 후반에 있어서는 전반에 비하여는 재미있었으나 하여간 기대가 너무 커서 그랬던지 특작영화의 가치는 별로 없었다. 〈동아일보〉, 1927년 7월 10일.

결국 이 영화도 실망스러운 결과를 남긴 채 끝나고 말았습니다. 프롤로그 공연이라는 이벤트 행사를 통해 이 영화가 일시적으로 대중적 관심을 불러일으키는 데는 성공했지만 흥행은 부진했습니다. 그렇다고 영화의 수준도 높게 평가받지 못했습니다. 나운규가 맡은 역할이 그와 어울리지 않을 만큼 연기도 어색했다는 지적이 나올 정도였으니 나운규로서는 참으로 실망스러웠습니다.

나운규는 〈야서〉의 뼈아픈 실패를 이 영화로 만회하겠다는 의욕을 가졌지만 그것은 본인의 기대였을 뿐 관객은 냉담했습니다. 선이 굵고 강인한 인상을 주요 특징으로 내세우던 나운규 영화가 감상적 멜로드라마로 바뀐 것에 대해 낯설어하거나 외면한 것이 아닌가 여겨지기도 합니다. 〈야서〉에 이어 〈금붕어〉까지 연속으로 실패했다는 것은 그의 영화적 위상을 심각하게 위협하는 결과가 되었고 그만큼 나운규의 마음은 초조하게 바뀔 수밖에 없었습니다.

조선키네마프로덕션 역시 당혹스럽기는 마찬가지였습니다. 〈아리랑〉이나 〈풍운아〉의 성공이 나운규의 영화적 위상을 높여 주기는 했지만 그것이 모든 영화의 성공을 보장하는 담보가 되지는 않음을 확인해야 했기 때문입니다. 〈야서〉의 실패가 예상 밖의 결과였다 하더라도 다음 작품에서는 만회할 수 있을 거라는 기대를 가졌지만 〈금붕어〉까지 이어지는 잇단 실패는 나운규의 위상에 심각한 변화가 생기고 있음을 인정하지 않을 수 없는 중대한 사태였습니다. 믿었던 작품의 잇단 흥행 실패는 영화사의 재정적 부담이 가중되는 결정적 요인이 되었습니다. 영화사로서는 뭔가 대안을 찾지 않으면 안 될 형편이 된 것입니다.

영화사는 영화감독 이경손을 영입하여 앞으로 만드는 영화의 감독을 맡기기로 했습니다. 이경손은 부산 조선키네마주식회사에서 조감독 생활을 시작으로 윤백남프로덕션이 기획했던 〈개척자〉, 계림영화협회의 〈장한몽〉 등을 감독하며, 초창기 영화계에서 주목받는 인물이었습니다. 이경손은 시나리오를 쓰고 감독을 하고 소설까지는 쓰는 다양한 재능을 가진 인물이었습니다. 비록 나운규만큼 크게 성공한 영화를 남기지는 못했지만 나운규의 재능을 알아보고 그가 영화계에서 활동할 수 있도록 도움을 준 일도 있었습니다. 그래서 나운규는 이경손을 영화계의 선배이자 스승으로 생각해 왔습니다.

이경손은 나운규가 조선키네마프로덕션에서 전성기를 누리고 있을 때 조선일보에 〈백의인〉이라는 소설을 연재하는 등 한동안 영화계를 떠나 있었는데, 그때 영화사가 영입한 것입니다. 영화사 측으로서는 능력 있는 감독을 끌어들여 연출력을 보강하고 흔들리고 있는 나운규를 보완해 줄 수 있는 효과를 동시에 거두는 셈이었습니다. 이경손 역시 제의를 거절할 이유가 없었습니다. 영화사는 유능한 영화감독을 영입할 필요가 있었고 이경손은 새로운 영화를 만들 수 있는 기회를 얻게 됨으로써 서로의 이해와 필요가 쉽게 합치될 수 있었습니다.

영화사 측이 이경손을 영입해서 만들기로 한 영화는 〈광랑〉이라는 해양 활극이었는데, 주연은 나운규가 맡고 감독은 이경손과 나운규가 공동으로 하기로 했습니다. 감독을 이경손과 나운규 공동으로 내세운 것은 사실상 나운규를 뒤로 물러나게 하면서 주연으로서의 역할에 비중을 두는 조치였습니다.

나운규는 이런 조치가 불쾌하고 자존심 상하는 일처럼 느껴졌습니다. 마음먹고 시작한 일이 계속 어긋나는 데다 영화사 측이 불편하고 불안한 태도를 노골적으로 드러내자 더 이상 영화사에 있기가 어려워졌다고 생각했습니다. 한동안은 그가 영화사를 구원하는 영웅처럼 비췄지만 성공의 열기가 가라앉자 오히려 영화사의 부담이 되는 처지로 바뀐 것입니다. 개인적으로는 이경손과 가까웠지만, 영화사에서의 일로 보면 불편하고 답답한 느낌이 들 수밖에 없었습니다. 이런저런 생각으로 고민을 거듭하던 나운규는 영화사를 떠나 자신이 직접 운영하는 영화사를 만들기로 마음먹었습니다.

〈나운규프로덕션〉을 설립하다

영화 〈아리랑〉을 제작해 일약 주목받는 영화사로 성장한 조선키네마프로덕션은 뒤이어 〈풍운아〉, 〈야서〉, 〈금붕어〉 등을 제작했지만 어느 작품도 〈아리랑〉을 능가하지는 못했습니다. 〈아리랑〉의 작품성이나 흥행 결과가 그만큼 좋았다는 뜻입니다. 하지만 영화사 입장에서는 영화 한 편의 성공에 안주해 있을 수는 없는 일이었습니다. 계속 만들어야 할 뿐만 아니라, 뒤따라 나온 영화들이 제 역할을 해 주어야 하는데 뜻대로 되지 않으면 영화 만드는 일이 어려워지게 됩니다. 〈아리랑〉의 뒤를 이어 만든 영화들이 기대에 미치지 못한 채 답답한 결과가 계속되자 영화 제작을 계속해야 하는 영화사로서는 점점 어려운 처지로 빠져들었습니다. 영화를 만드는 데 필요한 자본이 넉넉하지 못한 상태에서 뒤이어 만든 영화들이 계속 흥행에서 어려움을 당하게 되자 영화사의 사정도 어려워지게 되었습니다.

당연히 나운규에 대한 믿음은 약해졌고, 나운규와 영화사 모두 새로운 해결 방법을 찾아야 하는 상황에 놓였습니다. 자연히 나운규와 영화사 사이도 편하지 못했고 그동안 눌려 있던 다른 문제들이 드러나기 시작했습니다. 결국 나운규는 영화사를 떠나 새로운 영화사를 만들어 자신이 운영해야겠다고 마음먹었습니다.

나운규는 조선키네마프로덕션에서 함께 일했던 배우와 촬영기사를 비롯한 10여 명과 함께 '나운규프로덕션'을 만들었습니다. 참여한 인물은 나운규를 중심으로 배우로는 이경선, 김형용, 이금룡, 박정국, 홍개명, 주삼손, 촬영기사 이창용과 이명우, 감독 이경손이었습니다. 이경손이 나운규를 따라 조선키네마프로덕션에서 일하기로 한 것은 의외였습니다. 나운규는 이경손에게 혼자 영화사에 남아 있어 봐야 영화를 만들기 어려우니 차라리 함께 나가서 활동하는 게 좋겠다고 설득했습니다. 새로 만드는 영화사에서 감독 일을 할 수 있는 사람이 절실하게 필요했기 때문에 이경손을 불러들인 것입니다. 이경손 또한 여러 명이 영화사를 떠난다면 그곳에서는 더 이상 영화를 만들기 어렵다는 생각을 했습니다. 영화사에 들어

온 지 얼마 지나지 않아 다른 영화사로 떠나게 된 것입니다. 나운규프로덕션은 서울 창신동(昌新洞)에 사무실을 마련하고 새로운 영화 제작을 구상했습니다.

여러 가지 사정이 있어 실행한 일이었지만, 나운규로서는 큰 변화를 맞게 되었습니다. 부산의 조선키네마주식회사를 탈퇴하고 윤백남 일행을 따라 서울로 올 때만 해도 나운규는 이름조차 제대로 알려지지 않은 신인 배우였지만 나운규프로덕션을 설립할 때는 영화계 안팎에서 많은 사람이 그의 활동을 주목하는 인물이 되어 있었습니다. 영화사 이름에 '나운규'를 앞세운 것은 그만큼 널리 알려져 있다는 뜻이었습니다.

나운규가 새로운 영화사를 세우는 데 도움을 준 사람은 단성사를 운영하던 박승필이었습니다. 박승필은 초창기 흥행계에서 독보적 존재로 알려진 흥행사였습니다. 1914년부터 판소리나 탈춤 같은 전통 공연을 전문으로 흥행하던 광무대극장을 운영한데 이어 영화 상영 극장인 단성사까지 경영함으로써 당시로서는 누구도 따를 수 없는 위치를 차지하고 있었습니다.

원래 1907년에 세워진 단성사는 연극 공연장 등으로 쓰였지만 시간이 지나면서 운영에 어려움을 겪는 일이 잦았고, 운영자들 간에 다툼도 많았습니다. 그러던 중에 박승필이 이를 인수하여 시설을 대대적으로 수리하고 단장해 1919년부터 영화를 전문으로 상영하는 극장으로 탈바꿈시켰습니다. 특히 단성사가 주목을 받았던 것은 종로 근처의 극장 중에서는 조선인 관객들이 많이 모이는 곳으로 알려졌기 때문입니다.

당시 서울의 극장은 대정관, 황금관, 우미관을 비롯해 10개 정도가 운영되고 있었는데, 청계천을 가운데로 하여 북쪽 지역인 종로 근처의 극장들은 조선인 관객이 주로 다녔고, 남쪽인 명동(당시는 본정통)을 중심으로 이곳저곳에 자리 잡고 있던 극장들에는 일본인들이 주로 다녔습니다. 단성사가 새롭게 단장하고 조선인 관객들을 받아들이게 되자 곧바로 종로 근처 극장의 중심으로 떠올랐습니다.

박승필은 극장을 운영하는 한편으로 영화를 제작하기 시작했습니다. 1919년 10월 27일 단성사에서 공연되어 관객들로부터 큰 환영을 받은 〈의리적 구토〉, 〈형사고심〉, 〈시우정〉 같은 연쇄극을 제작하면서 영화 제작 경험을 쌓았습니다. 연쇄극이란 '연극과 영화를 합친 연극'이라는 뜻인데, 연극 공연 중에 영화 장면을 일부 비추어 넣는 방식을 가리킵니다. 무대에서 보여 주기 힘든 장면을 영화로 비추어 줌으로써 흥미를 더욱 높이겠다는 의도를 담고 있습니다.

그렇게 만든 연쇄극이 인기를 얻는 것을 보고, 1924년 무렵에는 단성사 내에 촬영부를 새로 만들어 〈장화홍련전〉을 제작하기에 이릅니다. 본격적으로 영화 제작에 참여하기 시작한 것입니다.

극장을 운영하는 입장에서는 좋은 영화를 많이 확보하는 일이 중요합니다. 다른 극장과의 경쟁에서 앞서갈 수 있는 힘이 되기 때문입니다. 극장을 운영하던 박승필이 연쇄극을 제작하고, 직접 영화부를 세워 영화 만들기에 나선 것은 좋은 영화를 확보하겠다는 의지를 보인 것입니다. 그러는 과정에서 유능한 영화인들을 많이 확보하는 것이 중요함을 느꼈습니다. 나운규를 주목하게 된 것은 당연한 일이었습니다. 나운규가 조선키네마프로덕션에서 활발하게 활동하고 있을 때는 제안하기 어려웠지만 그가 새로운 영화사를 만들려는 것을 알았을 때는 적극적으로 협력 관계를 만든 것입니다.

나운규가 흥행에서 기복을 보이고 있기는 했지만 여전히 그는 대중적 인기를 확보하고 있었으며 누구보다도 성공 가능성은 여전히 높았습니다. 투자 대상으로서는 그만큼 가치가 있었습니다. 박승필은 자신을 대신해 영화사 일을 관리하도록 박정현을 보내 나운규와 함께 일하도록 했습니다. 박정현을 총 간사로 나운규프로덕션에 참여시킨 것은 그를 대신해 영화사 운영을 맡긴 것이나 다름없었습니다.

한편 나운규를 비롯한 주요 인물이 집단으로 탈퇴한 조선 키네마프로덕션은 심각한 위기에 빠졌습니다. 잇단 흥행 실패로 재정적 곤란을 느끼고 있었던 데다 영화사에서 일하던 대부분의 사람이 나운규를 따라 떠나는 바람에 영화를 만들 수 있는 사람이 거의 없었기 때문입니다. 영화사 측이 이 같은 사태를 수습하기 위해 다시 영입한 인물이 감독 이규설을 비롯하여 배우 주인규, 김태진, 이월화였습니다. 1927년 10월 초, 그런대로 상황을 수습했다고 생각한 조선키네마프로덕션 은 이들을 중심으로 여섯 번째 작품 〈뿔 빠진 황소〉 제작에 들어갔습니다.

그러나 11월 5일 조선극장에서 상영한 이 영화는 흥행 결과나 작품적 평가에서 실패했고 마침내 조선키네마프로덕션 은 더 이상 영화를 만들 수 없는 형편이 되고 말았습니다. 영화사를 닫지는 않았지만 더 이상 영화를 만들 계획을 세우지 못한 채 간판만 유지하는 상태로 변했습니다. 나운규를 영입 하면서 명성을 쌓았던 영화사였지만 나운규를 잃어버리자 그대로 무너지고 만 꼴이 되어 버렸습니다.

나운규프로덕션은 첫 작품으로 〈잘 있거라〉를 만들기로 결정했습니다. 원작과 각색, 주연은 나운규가, 감독은 이경손이 맡기로 결정했습니다. 〈아리랑〉 이후 〈풍운아〉에서부터 〈금붕어〉에 이르기까지 원작, 각본, 주연은 물론 감독까지 맡으며 독점적인 권한을 행사하던 나운규가 〈잘 있거라〉에서 감독을 맡지 않기로 한 것은 배우와 감독을 분리하겠다는 생각을 실행에 옮긴 것입니다. 〈야서〉와 〈금붕어〉의 잇단 실패에서 드러난 나운규의 영화 제작 방식에 대한 한계나 문제점에 대한 나름의 대응인 동시에 이경손에 대한 대우라는 두 가지 문제를 해결한 부분이라고 할 수 있습니다.

그러나 이경손이 영화를 촬영하기 전에 영화사를 떠나는 바람에 결국 나운규가 감독을 맡게 되었습니다. 나운규와 이경손은 함께 영화사를 만들고 힘을 합쳐 일하기로 했지만, 약속을 지키지 못한 채 헤어지고 만 것입니다. 이경손은 떠났고 나운규는 잡지 않았습니다. 저마다 자존심은 높았고 나름대로 영화계에서 자신이 최고라고 자부하는 인물들이었기에 함께 일하는 것이 불편한 부분도 있을 수 있었습니다. 이경손은 신극 운동에서부터 소설 집필, 영화감독에 이르는 다양한 경력을 갖고 있었으며 지식인으로서의 자긍심이 누구보다도 높았습니다. 그에 비해 나운규는 누구도 가져 보지 못한 스타로서의 명성을 누리고 있었고 자신의 영화사까지 세울 정도로 영화계에서 독보적인 존재였습니다. 누가 더 잘나고 못나고의 문제가 아니라 개성과 능력이 서로 다른 것이라고 봐야 합니다.

영화사를 세우는 과정에서는 서로가 필요한 존재였지만 일단 원하는 일이 마무리되자 오히려 서로 부담스러워질 수 있는 부분이 있었습니다. 나운규에게 이경손은 함부로 대할 수 있는 상대가 아니었지만 그렇다고 하는 일마다 그를 앞세우고 우대할 수 있는 상황도 아니었습니다. 영화 만드는 일이라는 것이 서로 맡아야 할 부분이 있는 데다가 개인적인 관계보다 우선해야 할 일도 많기 때문입니다. 모든 일을 개인적인 수준에서 사사롭게 진행하다가는 난감한 지경에 놓일 가능성도 큽니다. 나운규와 이경손의 관계는 가까우면서도 조심스럽고 불편한 부분이 함께 드러나는 상태였습니다.

영화 제작을 준비하고 있던 어느 날, 배우 정기탁이 이경손을 찾아와서 평양에 정기탁프로덕션을 설립하고 새롭게 영화를 만들고자 하니 감독을 맡아 달라고 부탁했습니다. 이경손은 〈잘 있거라〉라는 영화를 준비하고 있다고 말했지만 정기탁은 막무가내로 매달렸습니다. 나운규는 혼자서도 충분히 잘할 수 있으니 당신은 멀리 떠나 새로운 일을 하는 것이 더 좋을 것이라며 설득했습니다. 나운규와 함께 일을 계속한다고 해도 그를 제치고 마음대로 일하기는 어려울 것이라고 판단한 이경손은 결국 정기탁을 따라 평양으로 가 버렸고 나운규는 하는 수 없이 새로 만드는 영화의 감독을 맡게 되었습니다. 그렇게 나운규프로덕션을 떠난 이경손은 정기탁이 자본을 투자한 정기탁프로덕션에서 〈봉황의 면류관〉을 감독했고 나운규는 〈잘 있거라〉를 감독했습니다.

〈잘 있거라〉는 가난에 허덕이는 도시 빈민들과 그들을 돕는 청년을 주인공으로 한 멜로드라마로, 열흘 정도 촬영을 하고 편집 과정을 거쳐 11월 5일 단성사에서 상영했습니다. 영화는 일단 흥행으로는 성공이었습니다. 나운규가 장기로 삼고 있는 선이 굵고 거친 영웅풍의 주인공을 앞세워 스토리를 엮어 나간 구성이 관객들의 호응을 얻었기 때문입니다. 열흘이라는 짧은 기간에 만든 영화치고는 만족스러운 결과였습니다.

영화사를 설립하고 처음 만든 영화가 흥행에 성공한 것은 나운규로서는 기분 좋은 출발이었습니다. 과연 잘할 수 있을 것인지 걱정하던 마음이 시원하게 해결되었고, 나운규가 독립해서 만든 영화가 어떤 결과를 낳을지 궁금해하던 주위 사람들의 관심에도 부응할 수 있게 된 것입니다.

첫 작품으로 자신감을 얻은 나운규프로덕션은 〈옥녀〉라는 두 번째 영화 제작에 착수했습니다. 나운규가 각색, 감독, 주연을 겸했고 전옥, 이경선, 이금룡, 주삼손 등이 출연했습니다. 옥녀라는 처녀를 두고 형제가 서로 미워하고 다투게 된다는 이야기를 담았습니다. 그러나 단성사에서 상영을 시작(1928년 1월 29일)한 이 영화에 대해 비난과 비판이 쏟아졌습니다. 내용이 퇴폐적이며 비윤리적이라는 이유였는데, 한 여자를 두고 형제가 다툰다는 이야기가 말이 안 된다는 지적이 많았습니다. 아무리 영화지만 그런 비윤리적인 내용을 버젓이 다루는 것을 받아들일 수 없다는 반응이었습니다. 현실에서는 있을 수 있는 일이지만 윤리적으로 비난받을 만한 일이라고 여긴 것입니다. 나운규의 이전 영화들이 대부분 현실적인 이야기를 다루었고 그 때문에 환영을 받았지만 〈옥녀〉에 이르러서는 오히려 그러한 구성이 비난의 원인이 된 것입니다. 영웅적인 주인공 역할을 할 때는 박수를 받았지만, 윤리적으로 아름답지 않은 모습을 보이게 되자 관객들이 비난하는 분위기로 돌아선 것입니다. 당시의 관객들은 영화 내용과 현실을 동일시했다고 볼 수도 있습니다. 어쩌면 그 같은 반응은 나운규 영화들이 대부분 비슷한 내용과 구성을 반복했기 때문에 생긴 지루함이라고도 볼 수 있습니다.

영화를 상영하기도 전에 비난하는 주장이 여기저기서 튀어나오더니 결국 흥행은 아주 부실했습니다. 흥행도 제대로 되지 않았고, 영화에 대한 비난도 거칠어졌습니다. 의욕과 자신감을 가지고 시작한 영화가 오히려 그의 명예를 떨어뜨리는 역할을 했습니다.

　나운규의 명성이 또다시 흔들리는 것을 확인하는 일도 괴로웠지만 더 다급하게 닥친 문제는 영화사의 재정 상태가 심하게 어려워진 것입니다. 처음 영화사를 만들 때 박승필의 도움을 받아 시작했지만 시간이 지나면서 박승필은 새로운 투자에 불안감을 느끼기 시작했습니다. 아무리 나운규가 나오는 영화라 하더라도 뜻밖의 일이 생기면 흥행이 크게 영향을 받음을 실감하게 되었기 때문입니다. 나운규는 영화계를 대표할 만큼 이름난 배우이자 감독이었지만 그의 이름만으로 모든 것을 해결할 수는 없었습니다.

　나운규는 자신의 처지가 점점 어려워짐을 알았지만 영화를 만드는 일 외에는 달리 할 일도 없고, 하고 싶지도 않았습니다. 자신의 기량을 펼 수 있는 일은 영화뿐이라고 확신하고 있었습니다. 상황은 어려워졌지만 그것을 극복할 수 있는 방법은 다시 영화를 만드는 것이라고 믿었습니다.

〈사랑을 찾아서〉와 검열 파문

나운규는 〈옥녀〉의 실패를 만회하기 위해 〈두만강을 건너서〉를 기획했습니다. 개봉 단계에서 〈사랑을 찾아서〉라는 제목으로 바뀐 이 영화는 북간도 지역으로 새 삶을 찾아 떠난 동포들이 겪는 슬픈 유랑에 관한 이야기입니다. 힘들여 만든 영화가 눈앞에서 참혹할 정도로 주저앉는 것을 지켜보면서 나운규는 새로운 시나리오 작업에 착수한 것입니다. 힘든 현실을 지켜 주는 것은 새로운 영화를 만드는 일 외에는 없다고 믿었습니다. 보통 사람 같으면 주저앉고 말 상황에서도 그는 여전히 앞으로 나아갔습니다.

그런데 이 영화를 제작하면서 나운규는 조선키네마프로덕션 사장이었던 일본인 요도와 다시 손을 잡았습니다. 제작비 4천 원은 모두 요도가 투자하고 대신 흥행권을 갖는다는 조건이었습니다. 요도와 나운규의 재결합은 세상의 이야기 거리가 될 만한 일이었습니다. 나운규는 요도가 설립한 조선키네마프로덕션을 통해 스타가 되었고 그 덕분에 자신의 영화사까지 세울 수 있었지만 요도는 나운규가 떠난 이후 사실상 영화사 문을 닫아야 하는 처지가 되었습니다. 한두 편을 더 제작했지만 성과를 내지 못했습니다. 둘 사이에 묵은 감정이 있을 수 있었지만 일단 지난 일은 서로 덮기로 했습니다. 개인적인 감정 때문이 아니라 영화 제작을 두고 빚어진 일이라고 판단했기 때문입니다. 나운규는 요도의 자본이 필요했고 요도는 나운규의 능력에 미련을 가지고 있었습니다. 나운규가 몇 작품에서 실패했다고는 하나 현실적으로 그를 능가할 만큼 대중적 지지를 받고 있는 인물이 없는 데다 여전히 성공 가능성이 높다고 판단했습니다. 그런 정도라면 제작비 정도는 투자해 볼 만한 일이었기에 영화 제작에 들어갔습니다. 나운규는 영화의 배경을 이루는 북간도 지역에 직접 가서 로케이션을 할 정도로 의욕을 보였습니다.

〈사랑을 찾아서〉는 나운규의 스타일을 앞세운 액션 영화였습니다. 가난 때문에 집을 떠날 수밖에 없었던 젊은 처녀와 그의 연인, 그리고 생활 기반을 잃어버리고 새로운 터전을 찾아가는 노부부를 등장시켜 그들이 만주에서 겪는 이런저런 이야

만주에서 생활하던 때의
나운규(가운데)와 윤봉춘(오른쪽)

기들을 호쾌한 분위기로 묘사하고 있습니다. 이 영화에서 나운
규는 양민을 괴롭히는 도박단과 대결하는 인물로 등장합니다.

　나운규는 이 영화에 각별한 열정을 쏟았습니다. 만주까지
촬영 팀을 이끌고 로케이션을 간 것은 당시 영화계 사정으로
는 대단한 의욕이었고 투자였습니다. 스케일 큰 액션도 마음
먹고 연출했습니다. 생활 기반을 잃고 만주 벌판을 떠도는 유
랑민의 쓸쓸한 심정은 시대적 분위기로도 공감대를 일으킬
만한 설정이었습니다. 힘들긴 했지만 제작 과정도 순조로웠
습니다. 어디로 보든 나운규로서는 큰 기대를 가질 만한 작품
이었습니다. 과연 이 작품이 나운규의 명예를 다시 세워 줄 수
있을까 기대가 높았습니다. 하지만 나운규는 의욕이 크면 그

것을 시기하는 일도 있다는 것을 경험해야 했습니다.

첫 번째 닥친 문제는 검열이었습니다. 나운규가 만주까지 가서 유랑민에 관한 영화를 촬영했다는 사실은 조선총독부의 시선을 끌었습니다. 경기도 경찰부 고등과가 나운규를 호출했습니다. 촬영 전에 미리 허가를 받기는 했지만 영화가 완성되는 과정에서 일본 경찰의 감시가 심해지고 있음을 뜻하는 것입니다. 영화가 다루는 내용이나 시대적, 공간적 배경이 반일 감정을 조장할 수 있을 정도로 민감했기 때문입니다. 나운규가 영화계에 들어오기 전에 이미 보안법 및 제령(制令) 제7호 위반으로 처벌을 받은 사실도 일제 공안 당국의 경계를 자극할 만한 요소였습니다. "인기 배우 나운규를 고등과에서 호출 취조"라는 제목으로 당시 상황을 보도한 신문기사를 통해 사태의 일면을 들여다볼 수 있습니다.

〈아리랑〉, 〈잘 있거라〉, 〈옥녀〉 등 여러 조선 영화를 제작하여 인기가 높은 나운규 군은 9일 아침 경기도 경찰부 고등과에 호출되어 여러 시간 동안 조사를 받고 돌아왔다. 그가 이번에 고등과에 호출을 받은 이유는 지금 조선극장, 단성사 두 곳에서 서로 상영하려고 하는 명화 〈두만강을 건너서〉라는 영화의 내용이 매우 불온하다는 소문이 있어서 그리된 모양이다. 이 영화로 보면 〈옥녀〉에서 그리 호평을 받지 못한 나운규 군이, 떨어진 명예를 다시 돌이키려면 경천동지할 대역작을 내지 않으면 아니 된다는 뜻을 굳게 하고 촬영대를 끌고 간도까지 가서 만든 것이라 한다. 내용은, 조선 군인 출신의 가장을 둔 일가가 조선의 국경을 넘어 국외로 유랑하다가 마적단을 만나 여러 식구는 무참히 세상을 떠나는데, 그때 주인공은 고국을 멀리 바라보며 비장한 나팔을 불며 나는 죽더라도 조선에 묻어 달라고 하는 대목이 있다고 한다. 그 속에 대중의 인기를 끌고자 조선 사람을 흥분시키려는 의도가 들어 있지 않은가 하여 고등과에서 조사에 착수한 것이라 한다. 그리고 처음에는 〈두만강을 건너서〉라고 제목을 징하였던 것을 최근에 이르러 〈저 강을 건너서〉라고 고쳐서 선전을 하게 된 것을 보아도 어쨌든 앞으로도 검열이 어떻게 될지 관계자 간에서는 매우 주목을 하는 모양이다. 〈매일신보〉, 1928년 4월 10일.

대한제국 시절의 군인 출신 나팔수 노인이 가족과 함께 고향에서 살지 못하고 국경을 넘어 북간도 일대를 떠도는 상황, 주인공이 죽으면서 자신을 고국 땅에 묻어 달라고 유언하는 모습 등은 민감한 내용이었습니다. 마치 일본의 한국 통치가 잘못되었기 때문에 사람들이 고향을 떠난다는 것을 암시하는 것이라고 볼 수 있기 때문입니다. 영화 내용이 문제되면서 제목 〈두만강을 건너서〉도 일제 당국으로서는 예사롭게 넘어갈 수 없었습니다. 그 때문에 나운규를 불러 불손한 의도가 있는 것이 아니냐며 다그치고자 한 것입니다

검열 시비에 휘말린 영화가 정상적으로 개봉을 할 수 있을지 여부도 불투명했습니다. 나운규로서는 기가 막힐 노릇이었습니다. 애써 만든 영화가 허무하게 사라질 수도 있는 상황이었습니다. 다행인지 불행인지 한 달 가까이 논란을 빚던 〈두만강을 건너서〉에 대한 검열은 문제가 되는 부분을 삭제하고 제목을 〈사랑을 찾아서〉로 바꾸는 것으로 마무리되었습니다. 〈두만강을 건너서〉가 〈사랑을 찾아서〉란 제목으로 개봉된 것은 1928년 4월 25일, 상영 장소는 조선극장이었습니다.

우여곡절을 겪은 뒤에 개봉되기는 했지만 흥행은 그런대로 좋았습니다. 영화 자체가 상당한 화제를 모았던 작품인 데다 검열 파문이 빚은 논란이 관심과 흥미를 높이는 결과를 낳았습니다.

이 영화를 만드는 과정에서 나운규를 곤란하게 만든 것은 검열 문제뿐만이 아니었습니다. 그를 더욱 어렵게 만든 문제는 조선키네마프로덕션 사장인 일본인 요도와 다시 손을 잡았다는 부분이었습니다. 나운규는 조선키네마프로덕션을 탈퇴하고 자신의 이름을 붙인 영화사를 새로 시작하면서, 앞으

◀ 영화 〈사랑을 찾아서〉에서의
나운규와 이금룡

▼ 1926년 〈여명〉 7월호에 발표되었던
나도향의 단편소설을 영화화 한
〈벙어리 삼룡〉의 한 장면

로는 일본인들의 도움을 받지 않고 우리 힘만으로 영화를 만
들겠다고 밝혔지만 요도 사장의 도움을 받게 되면서 그 약속
을 지키지 못하게 되었습니다. 일본인의 통제를 벗어나 한국
인 중심으로 우리 실정에 맞는 새로운 영화를 만들겠다는 주
장은 한갓 빈 약속으로 그치고 만 셈입니다. 더구나 요도는 조
선키네마프로덕션 설립자이자 자본가인데, 일본인이 주도하
는 영화사에서는 작업을 하지 못하겠다며 뛰쳐나온 나운규가
다시 요도의 자본을 받아들이기로 한 것은 이상과 현실 사이

에서 갈등할 수밖에 없었던 당시 영화계 사정을 그대로 드러내는 부분입니다.

이 일은 나운규의 영화적 신념과 행동의 일관성을 의심하게 만드는 심각한 요인이 되었습니다. 영화는 어느 정도 성과를 거두었으나 영화인으로서 나운규가 보여 준 인간적인 신뢰는 크게 손상된 처지가 된 것입니다. 소설가 심훈은 나운규가 그 같은 처지에 빠지게 된 것을 안타까워하면서, 튼튼한 자본력을 가진 인물이 의지를 가지고 영화 제작에 투자해야만 나운규처럼 곤란한 처지가 되는 영화인이 더 이상 없을 것이라고 주장했습니다.

몇 달 전에 '조선키네마'를 분연히 탈퇴한 나 군이 다시 그들과 관계를 맺게 되었다는 소문이 들린다. 정식으로 복귀했는지 여부는 알지 못하나 조선키네마에서 나 군의 영화를 다시 제공하기로 한 것만은 사실이라 한다. 제공이란 돈을 대어 준단 말이니 동시에 적지 않은 이익이 남은 것이 확실히 증명되는 것이다. 이제까지의 나 군의 수많은 작품이 우리 영화의 여명기에 있어서 얼마만큼 새로운 경지를 개척해 주었는지는 지금 새삼스럽게 말할 필요도 없다. 세상의 소문이 어떠하든 나운규 군은 조선 영화계에서 가장 많은 활동을 해온 사람이요,

고생도 많이 한 사람 중에 하나이니 지금까지 걸어 나온 자취를 돌아보면 제삼자로서도 눈물겨운 일이 한두 가지가 아니다. '다꾸앙' 조각을 씹으며 뛰었고 추운 겨울에도 '다다미' 방에서 외투 하나도 변변히 걸치지 못하고 싸워 왔다. 팬들로부터 많은 인기를 한몸에 받기는 했지만 그의 사생활은 비참에 가까운 것이었으니 사랑하는 아들을 잃고 매장도 잘못한 채 토굴 속 같은 현상실 한구석에서 밤을 새우는 그의 커다란 눈을 본 사람이라면 그가 얼마나 영화에 대한 정열을 가진 사람인가를 엿볼 수 있다. 벌써 수년 전부터 조선 각지의 수십만 민중이 어쨌든 나 군의 작품을 보고 웃고 울고 손뼉을 치고 하였다. 그런데 그중에 한 사람도 그의 손을 잡고 앞길을 끌어주려는 유지(有志)가 없다는 것은 우리 전체의 수치라 아니할 수 없다. 〈조선일보〉, 1928년 4월 20일.

심훈은 나운규가 요도와 다시 손을 잡을 수밖에 없었던 당시 영화계 사정을 통탄하고 있지만 그렇다고 사정이 달라지는 것은 아니었습니다. 나운규로서는 제작비를 내는 사람이 누구든 영화를 만들 수만 있다면 가리지 않겠다고 할 정도로 어려운 상황이었습니다. 결과적으로 나운규는 일본인 자본을 얻어 당시 현실을 안타까워하는 내용을 담은 영화를 만들었고, 그것 때문에 일본 경찰의 제지를 받아야 하는 형편이 된 것입니다.

결국 그는 뜻있는 지식인들로부터는 지조와 일관된 의식이 약한 인물로 평가받고, 일본 치안 당국으로부터는 요주의 인물로 주목받는 난감한 상황을 자초하게 된 셈입니다. 나운규로서는 점점 곤혹스러운 처지로 빠져들고 있었습니다.

〈사랑을 찾아서〉는 나운규의 대중적 인기를 다시 한 번 확인시켜 주는 계기가 되기도 했지만 인간적 신뢰에 대한 불안감, 의식적 일관성의 흔들림을 드러내는 전환점이 되기도 했습니다. 때문에 〈사랑을 찾아서〉가 성공하기는 했지만, 어딘가 빈틈이 보이는 불안한 성공일 수밖에 없었습니다.

이런 상황에서 나운규는 다시 영화 제작에 착수했습니다. 채석장을 배경으로 한 활극조 오락 영화인 〈사나이〉라는 작품으로, 채석장에서 일하는 사람들을 괴롭히는 악당을 응징하고 평화를 되찾는다는 내용입니다. 나운규가 특기로 내세우는 영웅적인 주인공과 행복한 결말을 담고 있습니다. 이 영화에서도 그는 원작, 각색, 주연을 겸했습니다. 그러나 감독은 직접 하지 않고 홍개명에게 맡겼습니다. 자신과는 다른 솜씨를 보일 것이라고 기대했기 때문입니다.

하지만 〈사나이〉는 흥행 성과가 좋지 않았습니다. 비록 감독을 다른 사람에게 맡겼다고는 하지만 나운규의 생각이 많이 담겨 있고, 어려운 형편에서 서둘러 만든 탓에 영화의 완성도도 떨어지는 편이었습니다. 영화사 사정은 점점 더 어려워졌고, 함께 일하는 사람들의 사기도 많이 가라앉아 영화사의 앞날을 걱정하며 불안하게 생각하는 경우도 많았습니다. 그럴수록 나운규는 최선을 다해 영화를 만들어야겠다고 생각했습니다. 그가 가장 잘할 수 있는 일이 영화를 만드는 것이고, 열심히 만들어야 좋은 성과를 기대할 수 있기 때문입니다. 영화사 안팎에서 그를 불안하게 바라보며 갖는 의심을 떨치는 것도 영화를 통해서만 가능한 일이라고 믿었습니다.

새롭게 준비한 작품은 〈벙어리 삼룡〉. 그가 감독하고 주연한 영화 가운데 처음으로 문학 작품을 각색한 경우였습니다. 〈벙어리 삼룡〉은 나도향의 단편 소설로 이미 널리 알려진 작품입니다. 〈아리랑〉 때부터 그가 출연하거나 감독한 영화는 대부분 직접 시나리오를 썼지만 〈벙어리 삼룡〉은 다른 사람이 쓴 소설을 시나리오로 고쳐 쓴 것이어서 이전의 영화들과는 구성이 많이 달랐습니다. 당시 영화들 중에 소설을 영화로 만든 것은 이광수의 〈개척자〉가 처음이고, 〈벙어리 삼룡〉이 두 번째였습니다. 영화 제작에 필요한 비용은 새로운 투자자를 찾아내 도움을 받았습니다.

영화를 만드는 일에 기울인 의욕은 상당했습니다. 영화 규모를 크게 보이기 위해 단역을 공개 모집했고, 집이 불타는 장면을 촬영하기 위해 동대문 밖에 대규모 세트까지 세웠습니다. 널리 알려진 단편 소설을 각색해서 영화로 만드는 진지함과 관객의 관심을 끌 만큼 색다른 볼거리를 담아야겠다는 의욕이 어우러지는 모습을 보였습니다. 집이 불타는 장면을 촬영하다가 나운규의 몸에 불이 붙어 화상을 당하는 일까지 겪었습니다.

우여곡절을 겪으면서도 〈벙어리 삼룡〉은 완성되었고, 1929년 1월 조선극장에서 개봉했습니다. 나운규는 최선을 다해 영화를 만들었고, 노력만큼 결과도 만족스러웠기에 기대가 컸습니다.

그러나 〈벙어리 삼룡〉은 심각한 비난을 받으면서 논란의 중심에 서게 되었습니다. 서광제, 윤효봉을 비롯한 카프 진영의 영화인들이 〈벙어리 삼룡〉이 등장인물과 상황에 대한 인식이 부족하고, 계급투쟁을 전제로 한 프로 의식이 들어 있지 않다는 지적을 하며 비난에 나섰습니다.

1920년대 후반 영화계를 비롯한 예술계는 이념의 대립과 갈등이 심했습니다. 입장이나 사상이 다르다는 이유로 상대방을 비판하는 일이 자주 벌어졌습니다. 나운규를 비롯한 대부분의 영화인들은 재미있고 관객들이 좋아하는 영화를 만드는 것이 중요하다고 생각했습니다. 그러나 일부 영화인들은 현실을 비판하고, 노동자와 농민이 주인이 되는 사회를 만드는 데 선전 수단이 될 수 있어야 좋은 영화라고 주장했습니다.

영화계에서는 이런 생각을 가지고 영화를 만들려는 사람들을 '카프(KAPF, Korea Artista Proleta Federatio의 머리글자를 따서 이름붙인 조선프롤레타리아 예술가동맹, 1925년 8월 23일에 결성하여 1935년 5월 20일에 해산함) 영화인'이라고 불렀습니다. 카프 영화인에는 감독, 배우, 평론가 등이 포함되어 있었지만, 실제 영화를 만드는 사람보다는 이론을 앞세우는 경우가 더 많았습니다. 카프 영화인들은 숫자로는 많지 않았지만 신문이나 잡지에 글을 쓰고, 모임을 열어 주장을 펼침으로써 논쟁을 넓혀 나갔습니다. 카프 영화인들은 자기들끼리 모임을 만들고, 자기들과 입장을 달리하는 영화인들과는 어울리지도 않고 미워하는 태도를 보였습니다. 이 때문에 영화계는 카프 영화인들과 그렇지 않은 영화인들로 나뉘어 갈등을 빚는 일이 잦았습니다.

카프 영화인들은 〈낙원을 찾는 무리들〉, 〈유랑〉, 〈지지 마라 순이야〉, 〈지하촌〉, 〈화륜〉 등 자신들의 생각을 담은 영화를 만들면서, 자신들과 생각이 다른 영화인들에 대해 심하게 비판하기도 했습니다. 특히 나운규를 비난의 표적으로 삼았습니다. 그가 만드는 영화가 가끔 실패하기도 했지만 여전히 가장 유명한 영화인이었고 그 누구보다 많은 영화를 만들고 있었습니다. 그래서 나운규를 비판하면 자신들의 입장을 잘 나타낼 수 있다고 생각했습니다. 그런 가운데 〈벙어리 삼룡〉은 제일의 표적인 된 것입니다.

내용으로 말하면 봉건사상의 화신이다. 거역은 부당이요, 반항은 금물이라는 것을 힘 있게 표현한 작품이다. 이만치 반동적인 원작을 취하여 영화화시킨다는 나운규의 심리와 또한 근본적 태도를 비난하지 않을 수 없다. ……나운규 군은 기대한 것보다 벙어리 역으로 성공하지 못하였다. ……학대받고 굴종하는 벙어리가 아니라 반항하고 날뛰는 벙어리 역이었다면 나 군 자신으로서 성공하였을는지 모른다. **윤효봉, 〈조선지광〉, 1929년 2월.**

카프 영화인들의 비난에 대해 나운규를 비롯한 많은 영화인이 이념의 잣대로 영화를 판단하지 말라며 반박했지만 그럴수록 논란은 커졌습니다. 카프 영화인들이 나운규를 상대로 집중 논란을 벌인 것은 그가 여전히 영화계에서 최고의 인물로 인정받고 있었기 때문입니다. 결국 〈벙어리 삼룡〉은 제대로 상영하지도 못한 채 논란만 가열되면서 극장에서 내려야 했습니다. 이 영화로 새로운 모습을 보여 줄 것이라며 의욕을 보인 나운규의 노력은 물거품이 되고 말았습니다.

〈사나이〉와 〈벙어리 삼룡〉의 잇단 실패는 나운규를 어렵게 만들었습니다. 관객들은 더 이상 나운규가 출연하고 감독한다는 사실만으로는 환호하지 않았습니다. 그의 명성은 다른 인물들에 비해 여전히 높았지만 그것이 영화의 결과까지 보장하는 방패 역할을 하지는 못했습니다.

흥행은 실패했고 새로운 투자자를 구하기는 더욱 어려워졌습니다. 새로운 영화를 제작하기는 기대하기 어려운 처지였고, 영화사 단원들의 사기도 심각하게 가라앉았습니다. 영화사 간판을 내린다 해도 어쩔 도리가 없을 만큼 어려운 처지에 놓였습니다.

이럴 때 임수호라는 흥행사가 지방 순회공연을 제안해 왔습니다. 나운규를 비롯한 단원들이 영화 상영과 함께 무대극을 공연하면서 전국을 돌자고 제안했습니다. 임수호는 영화 〈아리랑〉의 지방 흥행권을 요도로부터 사들인 것을 계기로 일약 흥행계의 행운아가 된 인물이었습니다. 그는 나운규를 앞세워 또 한 번의 흥행을 기대한 것입니다. 나운규프로덕션이 재정적 곤란을 겪고 있을 뿐 아니라 서울에서는 나운규의 인기가 떨어졌지만 지방에서는 아직도 승산이 있다고 판단했습니다.

나운규는 그 같은 제안이 마땅치 않았지만 영화사 살림이 궁핍해진 상황을 어떤 방법으로든 극복해야 할 처지여서 무시하며 뿌리치기가 힘들었습니다. 단원들이 아무 일도 하지 못하고 있는 것보다는 지방 순회공연이라도 한다면 어느 정도의 수익을 얻을 수 있었기 때문입니다. 결국 나운규는 임수호의 제안을 받아들이고 〈잘 있거라〉, 〈사랑을 찾아서〉, 〈야서〉 등을 가지고 단원들과 함께 순회공연 길에 나섰습니다. 영화 상영과 함께 영화의 한 장면을 무대 위에서 실연하는 프로그램이었는데, 기대 이상의 성공을 거두었습니다. 〈아리랑〉과 〈풍운아〉, 〈잘 있거라〉 같은 영화에 주연한 당대의 스타가 무대 위에 직접 등장한다는 사실이 지방 관객들에게는 큰 관심거리였던 모양입니다.

〈사랑을 찾아서〉와 〈야서〉를 비롯한 몇 작품을 빌려 남조선 일대에 순회 흥행의 길을 떠난 것은 소화 4년(1929년) 섣달 그믐께다. 동인들은 영화의 프롤로그와 에필로그를 하거나 혹은 단막물 연극도 하였다. 영화인 지방 순회 흥행이 처음이라 가는 곳마다 인기는 대단하였다. 경부선과 호남선을 따라 5개월 동안 순업(巡業)하는데 어느 곳을 가든지 객석은 초만원이

었다. **윤봉춘, 〈나운규 일대기〉**

홍행사 임수호의 계산은 적중했고 나운규 일행도 영화를 제작할 수 있을 만큼의 수익을 얻었습니다. 단원들은 나운규의 인기를 새삼스럽게 확인하면서 새로운 기대를 가지게 되었습니다. 그러나 나운규는 순회공연으로 얻은 수입을 제대로 관리하지 못한 채 허투루 써 버리고 말았습니다. 영화사 사람들은 크게 실망했습니다. 어려움을 무릅쓰고 순회공연에 나섰고 상당한 수입도 올렸지만 흐지부지 날려 버린 일에 몹시 실망하고 그 일의 책임은 전적으로 나운규에게 있다고 생각했습니다.

이 순회 홍행에서도 수입에 대한 처리가 분명하였으면 다시 경성에 와서 기초를 세웠을 것인데 어떻게 된 일인지 순업이 끝나는 날부터 생활이 문제였다. 1930년 봄철에 다시 경성에 온 동인들은 나 군을 제외하고는 삼판통(지금의 용산구 후암동)에 모두 모여서 중요한 협의를 하였다. 그 결과는 조선키네마사 탈퇴 당시부터 지금까지의 사업 실패는 전부 나 군에게 책임이 있다고 단정을 내리고 동인들은 한 사람도 남김없이 나 군을 떠나기로 결정하였다. 동인들은 나 군에게 정을 끊는다는 내용의 편지를 연명(連名)으로 보내고 그날로 개성으로 모두 떠나 버렸다. 나 군은 그 편지를 보고 어떠한 생각과 결심이 생겼던지 동경으로 가 버리고 말았다. **윤봉춘, 〈나운규 일대기〉**

단원들은 더 이상 나운규를 신뢰할 수 없다고 판단하고 회사를 떠났습니다. 누구보다도 나운규를 이해하고 믿어 주던 윤봉춘마저 더 이상 곁에 없었습니다. 주삼손, 이금룡 등 그를 따르고 믿었던 인물들 모두 나운규를 떠나고 말았습니다. 독자적으로 영화사를 세울 때만 해도 한껏 기대를 모았던 나운규프로덕션은 영화도 사람도 신뢰도 잃어버린 채 최악의 모습으로 무너진 것입니다. 1929년 4월, 영화사를 만든 지 1년 7개월 남짓한 기간이었습니다. 나운규로서는 크나큰 시련이었고, 너무 빨리 찾아온 침몰이었습니다.

나운규프로덕션을 떠난 단원들은 '청귀시네마'라는 영화사를 만들었습니다. 코미디 액션 스타일의 〈꿈이었다면〉을 준비했지만 제대로 진행되지 않았습니다. 나운규의 무책임한 행동에 불만을 느끼며 새 영화사를 만들었지만 그들 역시 뚜렷한 대책을 가지고 있지 않았기 때문에 쉽게 영화를 만들지 못했습니다.

다시 만든 〈아리랑〉

　영화는 뜻대로 되지 않았고, 함께 일하던 동료들도 나운규의 곁을 떠났습니다. 버림받았다는 말이 더 맞을 것입니다. 한때는 영화계의 영웅처럼 떠받들어진 그였지만 명예로운 시기가 지나자 모든 것이 불안하고 위태로워졌습니다. 뭐가 잘못된 것일까요? 〈아리랑〉의 성공 이후 너무 오만하게 행동한 결과일까요?

　나운규는 영화계에 몸담은 이후 최선을 다해 영화를 만들어 왔고 그 자신조차 예상하지 못했던 성공을 거두었지만 그 성공을 관리하고 나누는 일은 제대로 하지 못했습니다. 명성을 얻게 되자 세상이 자신을 중심으로 돌아가는 것처럼 보였고 그런 시간이 언제나 계속될 것처럼 믿었습니다. 마음만 먹으면 무엇이든 할 수 있을 것 같았고, 누구에게도 감사할 줄 몰랐습니다. 시나리오를 쓰고, 감독, 배우까지 겸했으며 자신의 이름을 앞세운 영화사까지 만들었으니 부족함이 없어 보였습니다. 돈이 생기면 계획 없이 써 버렸습니다. 영화를 만들 때도 그가 생각하는 내용이 그대로 반영되었고, 주변의 누구도 문제점을 이야기해 주기 어려웠습니다. 모든 일에 자신감이 넘치고, 누구의 말도 들을 필요가 없다고 생각하는 사람에게 선뜻 충고를 해 줄 사람이 없었습니다. 결국 그가 만든 영화들이 계속 실패하고, 영화사도 문을 닫고 함께 일하던 동료들까지 떠난 것은 그동안의 문제들이 쌓인 결과라고 볼 수 있습니다. 나운규는 자신을 되돌아보고 새로운 각오를 하지 않으면 영화계에서 계속 활동하기가 어려운 처지가 되어 버렸습니다.

허전하고 답답한 마음에 나운규는 그해 여름 서울을 떠나 일본 도쿄로 갔습니다. 몇 달 동안 그곳에서 시간을 보내며 영화를 어떻게 만들고 있는지, 어떤 영화들이 주목받고 있는지 살펴보았습니다. 시간이 흐를수록 허전하던 마음이 조금씩 편안해지자 다시 영화를 만들어야겠다는 마음이 간절해졌습니다. 영화를 떠나서는 살 수 없다는 생각이 더욱 굳어졌고, 자신이 일할 곳도 서울의 영화계라고 확신했습니다.

서울로 돌아온 나운규는 영화 만드는 일을 궁리했습니다.

영화인들을 만나 사과의 뜻을 전하며 지나간 일에 대해서는 서로 이해하고, 앞으로 새롭게 일해 보자고 제안했습니다. 친구인 윤봉춘은 그런 나운규를 다시 맞아 주었고, 다른 영화인들도 앞으로는 잘해 보자며 환영했습니다. 그러나 카프 영화인들은 여전히 불편하고 적대적인 자세를 바꾸지 않았습니다.

마침 '원방각'이라는 영화사가 〈아리랑〉의 속편을 만들자고 제안해 왔습니다. 〈아리랑〉은 워낙 유명한 영화이고 여전히 지방 여러 곳에서 흥행하고 있을 정도로 인기가 식지 않은 상태였습니다. 나운규가 주인공을 맡은 〈아리랑〉의 속편을 만든다면 충분히 관심을 모을 수 있을 거라 기대한 것입니다.

어떻게 해서든 영화를 다시 만들고 싶던 나운규로서는 반갑게 제안을 받아들였습니다. 재기를 꿈꾸는 그로서는 다른 어떤 영화보다 〈아리랑〉이 성공 가능성이 높을 것이라고 기대했습니다. 시나리오는 나운규가 쓰고, 감독은 이구영이 맡았습니다. 남자 주연은 나운규, 여자 주연은 임송서가 맡았습니다. 이금룡, 윤봉춘, 남궁운, 유신방 등 그동안 함께 일했던 인물들이 출연했습니다. 이렇게 만든 영화가 〈아리랑 후편〉입니다. 〈아리랑〉 그 후의 이야기를 다루는 속편 격이었습니다.

1930년 3월 단성사에서 개봉한 〈아리랑 후편〉은 예상대로 관객들의 반응이 뜨거웠습니다. 워낙 유명한 〈아리랑〉을 기억하고 있는 관객들은 〈아리랑 후편〉에 큰 기대를 가졌습니다. 덕분에 나운규의 명성도 다시 살아나는 듯했습니다.

하지만 그의 기대를 저버리는 일은 이번에도 일어났습니다. 이번에도 카프 영화인들은 시비를 걸며 논란을 불러일으켰습니다. 이야기의 짜임새가 허술하고, 주인공들의 행동이 도무지 개념이 없어 무슨 말을 하는지 알 수 없다는 식의 비난을 쏟아 냈습니다. 나운규가 영화인으로서의 의식도 없고 역량도 모자란다는 험담도 했습니다. 〈벙어리 삼룡〉 때보다 훨씬 격렬하고 거칠었습니다. 엉뚱한 시비를 하지 말라며 대응을 했지만 그럴수록 소란을 키울 뿐 카프 영화인들의 의도적인 비난을 가라앉히지 못했습니다. 그 과정에서 나운규가 겪은 고통은 이루 말할 수 없이 컸습니다. 영화에 대해 비난하고 시비를 거는 사람들의 입장에서는 논란이 일어나도 별다른 피해가 없지만 영화를 만든 입장에서는 상영을 제대로 하지 못하면 그 피해가 심합니다. 어렵게 만든 영화가 흥행에 실패하고, 뜻하지 않은 논쟁에 휘말리자 나운규는 몹시 지치고 힘들었습니다. 결국 〈아리랑 후편〉을 통해 영화계에 화려하게 복귀하려던 나운규의 기대는 허탈하게 무너져 버렸습니다. 한번 시작된 고난은 끊이지 않고 점점 깊어만 갔습니다.

나운규로서는 대안을 찾기 어려웠습니다. 그가 출연한다고 해도 투자자를 구하기 어려웠고, 새로운 영화를 만들 준비도 부족했습니다. 영화계에서 활동이 어려워지자 나운규는 극단을 따라다니며 연극을 했습니다. 나운규는 신파극을 주로 공연하던 '미나도좌'나 배구자라는 여자 배우가 만든 연극 단체에서 잠시 활동했습니다. 또 일본 사람이 운영하던 '원산만프로덕션'이라는 영화사가 제작한 〈금강한〉에도 출연했습니다.

하지만 이런 일들조차 비난하는 사람들이 많았습니다. 유명한 영화인이 극단을 따라다니며 구차하게 이름을 판다는 이야기도 들려왔습니다. 그리고 〈금강한〉에서 맡은 역할이 지금까지 나운규가 맡았던 영웅적인 주인공과는 달리 나이 들고 사악한 모습인 것도 비난의 대상이 되었습니다. 인상이 나쁜 역을 맡자 경솔하고 지조 없는 행동이라고 비난했는데, 영화와 현실을 구분하지 않은 채 비록 영화라도 나운규가 좋은 역할을 계속 맡기를 바라는 기대가 컸음을 뜻합니다. 나운규에게 쏟아진 여러 가지 비난은 그가 덜 알려진 영화인이었다면 별다른 시비 거리가 되지 않았을 것입니다. 당시 영화계에서는 그를 앞서갈 만큼 이름 높은 영화인은 여전히 찾기 어려운 상태였습니다. 어떻게든 영화를 만들 수 있기만을 바라던 나운규로서는 그러한 현실이 답답하고 안타까웠습니다.

나운규의 희망은 영화를 만드는 것이었습니다. 힘겨운 시간을 견뎌 내며 영화 제작 기회를 찾고 있던 나운규에게 반가운 일이 생겼습니다. '유신키네마'라는 영화사가 〈개화당 이문〉을 만들자고 제안한 것입니다. 그가 만들고 싶은 영화를 만들어도 좋다는 조건도 붙였습니다. 나운규로서는 참으로 다행스러운 일이었습니다. 영화를 만들 수 있다는 생각에 나운규는 정말로 기뻤습니다.

〈개화당 이문〉은 김옥균, 박영효 등 개화파 정치인들이 일으킨 갑신정변을 소재로 한 작품으로, 나운규가 각본, 감독, 주연을 맡았습니다. 이 영화를 만들 때 나운규는 성실하고 진지한 모습이었습니다. 갑신정변의 과정과 여러 인물의 활동에 대해 사실을 바탕으로 영화를 만들어 갔습니다. 어린 시절부터 관심이 있던 개화당에 관한 이야기를 영화로 만든다는 기대감에 어느 때보다 신중하고 성실하게 작업했습니다.

나운규는 이 작품에서 역사적 사실을 통해 무엇을 이야기할 것인가에 힘을 기울였습니다. 이전과 달리 영화를 통해 관객에게 무엇을 보여 줄 것인가를 중요하게 생각했습니다. 그때까지 나운규는 여러 편의 영화에서 각본을 쓰고 주연을 하고 감독을 맡았지만 진지함보다는 재미를 강조했습니다. 나운규는 개화당의 이야기를 영화로 만드는 심정과 각오를 〈삼천리〉 1931년 11월호에 다음과 같이 밝혔습니다.

영화 〈개화당 이문〉 촬영 스탭

지금 와서 탄식만 한다면 그런 낡은 옛이야기를 들추어낼 필요가 없다. 머리를 깎고 양복을 입는 것만이 개화가 아니다. 역사란 언제든지 움직인다. 갑신년에만 개화당이 필요하였던 것이 아니라 세상은 아직도 컴컴하다. 그 시대에 필요하였다가 죽은 김옥균을 다시 살리지 못할 터이니 이 시대에 필요한 김옥균을 많이 만들자는 의미로 개화당을 연구하자. 수백만 조선의 어린이들에게 개화당 이야기를 들려주고 싶다. 이 사건을 영화로 만드는 것이 그 목적에 만분의 일이라도 이를 수가 있다면 나는 만족하겠다.

나운규의 각오가 단단하기는 했지만 그것이 어려운 사정을 바꾸지는 못했습니다. 이번에는 조선총독부의 검열이 발목을 잡았습니다. 조선총독부 검열관은 개화당 인물들이 정부를 뒤집어엎고 정권을 차지하는 대목을 빼라고 명령했습니다. 일본이 한국을 강제로 지배하는 것에 대한 비판과 반발로 이어질 수도 있다고 우려했기 때문입니다. 많은 부분이 잘려 나갔고, 남은 부분은 이야기의 흐름이 어긋났습니다. 결국 완성된 〈개화당 이문〉은 나운규의 생각을 제대로 드러내지 못한 영화가 되고 말았습니다. 아무런 시비 없이 만들었다 하더라도 뜻대로 완성할 수 있을지 장담하기 어려운 처지에 무자비한 검열까지 거쳤으니 온전하게 완성하기 어려웠고, 찢기듯 마무리된 영화가 흥행을 제대로 할 리는 더욱 만무했습니다.

나운규의 화려했던 시절이 점점 사라지고 그가 만든 영화가 관객의 관심을 끌기가 어려워지는 사이 새로운 영화인들이 나타나기 시작했습니다. 그중에서 크게 두각을 나타낸 인물은 감독 이규환이었습니다. 1904년 대구에서 태어난 그는 일본에서 영화를 배우고 서울로 돌아와 새로운 영화를 만들려고 했습니다. 준비하고 있는 영화는 〈임자 없는 나룻배〉로, 박효린 작가가 쓴 소설을 각색한 것입니다. 1932년 유신키네마가 제작을 맡았는데, 내용은 대강 다음과 같습니다.

한 농부가 심한 가뭄으로 농사를 짓지 못하게 되자 도시로 나가 일을 찾아 헤매지만 그곳에서도 가난을 벗어나지는 못합니다. 결국 고향으로 돌아온 농부는 나룻배를 부리는 뱃사공이 됩니다. 여러 가지 힘든 일을 겪으면서도 어린 딸이 자라나는 것을 보며 보람으로 여기던 중, 강에 철교가 세워지게 되면서 뱃사공도 할 수 없는 처지가 됩니다. 그 과정에서 가난한 농부가 겪는 가슴 아픈 사연이 전개됩니다. 흉년 때문에 할 수 없이 고향을 떠나는 모습, 어렵게 서울에 올라가 일자리를 구하려고 애쓰는 모습, 아이를 낳던 아내가 딸만 남겨 놓은 채 숨지는 모습, 어린 딸을 부여안은 채 눈물을 머금고 시골로 오는 모습, 강나루에서 뱃사공을 하며 어린 딸을 키우는 모습, 한동안 행복을 되찾는 듯했으나 철교가 세워지면서 뱃사공을 할 수 없게 되는 모습, 철교 공사를 하던 감독관이 딸을 유혹하는 모습, 감독관의 흉계를 알게 된 뱃사공이 분노하며 싸우는 모습, 싸움 도중 불이 나는 바람에 집이 불타고 딸마저 목숨을 잃게 되는 모습, 모든 것을 잃어버린 뱃사공이 절망한 채 달려오는 기차를 향해 맞서 싸울 듯이 막아서며 세상을 떠나는 모습, 주인을 잃어버린 나룻배만이 흐르는 강물 위에서 흔들리는 모습을 담고 있습니다.

이야기만 보면 어느 가난한 시골 농부의 비극적인 인생 역정처럼 보이기도 하고, 개발과 변화의 바람 앞에 적응하지 못한 채 힘겨워하는 서민의 이야기처럼 보입니다. 영화로 완성되면 어떤 모습일지는 두고 봐야 알겠지만 이전의 영화들과 다른 분위기를 보여 주는 괜찮은 작품이 되리라는 기대가 집중되었습니다.

나운규도 새로운 젊은 감독의 소문을 들었고, 그가 만들려고 하는 영화의 내용이 기대를 걸 만하다는 말도 들었습니다. 배우라면 누구나 관심을 가질 만한 영화였고, 나운규도 마찬가지였습니다.

대본만 보고 머리를 깎다

〈임자 없는 나룻배〉를 만들 무렵의 우리나라 영화계는 형편이 매우 어려웠습니다. 나운규의 처지도 어려웠지만 영화계 전체로 보아도 한 해 동안 만든 영화가 겨우 세 편에 지나지 않을 정도였습니다.

이규환 감독은 이 영화가 첫 작품인데 나운규는 누구도 따를 사람이 없을 만큼 이름난 배우였습니다. 이규환 감독은 첫 영화를 만들면서 나운규를 주연 배우로 쓰고 싶었지만 뜻대로 될지는 알 수 없었습니다. 주위에서는 나운규처럼 이름난 배우가 경험도 없는 감독이 만드는 영화에 출연하겠냐며 의아한 표정을 지었습니다. 그러나 이규환은 어떻게든 나운규를 설득해 보리라 마음먹고 만나자는 연락을 했습니다.

며칠이 지난 뒤 나운규로부터 만나자는 연락이 왔습니다.

일제 강점기 뱃사공 수삼과 그의 딸의 비극적 삶을 그려낸 영화 〈임자 없는 나룻배〉

반가운 마음으로 약속한 자리에 나간 이규환은 나운규에게 〈임자 없는 나룻배〉의 주인공을 맡아 달라고 했습니다. 시나리오를 보며 설명을 들은 나운규는 시나리오를 자세히 읽어 본 뒤에 다시 만나자고 했습니다. 나운규로서는 이미 관심이 있던 영화라 쉽게 승낙할 수 있었지만 내용을 자세하게 살펴보고 싶었습니다.

　나운규와 이규환은 며칠이 뒤 다시 만났습니다. 약속 장소에 나타난 나운규의 모습은 지난번 만났을 때와 많이 달라 보였습니다. 양복 차림에 챙이 넓은 밀짚모자를 꾹 눌러쓰고 있었습니다. 의아한 눈길로 이규환이 쳐다보자 나운규가 모자를 벗었습니다. 놀랍게도 그는 머리카락을 모두 깎아 버린 상태였습니다. 주인공 역할에 맞추어 머리를 깎은 것이 분명했습니다. 영화에 출연하겠다는 결심을 보여 주는 셈이었습니다. 나운규는 껄껄 웃으며 함경도 말투로 말했습니다.

"합세다."

이규환은 깜짝 놀랐습니다. 아무런 조건도 없이 자신이 만드는 영화에 출연하겠다고 선뜻 승낙한 것도 반가운데, 머리를 박박 깎은 것이 더 놀라웠습니다. 당시 배우들 가운데 영화 출연을 위해 머리를 그렇게 깎은 경우는 없었습니다. 그런 역할을 요구하는 일도 드물었지만 혹시 있다 하더라도 분장을 하는 것이 보통이었습니다. 그런데 나운규는 시나리오만 읽어 보고는 주인공의 역할에 맞추어 머리를 깎은 것입니다. 더구나 신인 감독의 작품을 준비하면서 그런 열의를 보인 것은 나운규로서는 새 영화에 대한 기대와 의지가 그만큼 컸음을 의미합니다. 이규환이 놀라움을 감추지 못하자 나운규가 말했습니다.

"왜 놀라시오? 시나리오를 읽어 보니 주인공 춘삼이는 머리를 깎은 채 나오는 것으로 되어 있기에 그대로 한 것뿐인데……."

화려한 경력을 가진 유명한 배우와 의욕 넘치는 젊은 감독은 그렇게 손을 마주 잡았습니다. 이렇게 해서 만든 〈임자 없는 나룻배〉는 〈아리랑〉에 버금가는 좋은 영화라는 평가를 받으며 무성영화 시대를 빛낸 작품이 되었습니다.

이 영화에는 나운규 외에도 아내 역에 김연실, 딸 역에 문예봉, 측량기사 역에 임운학 등의 배우들이 출연했습니다. 그중에서 딸 역을 맡은 문예봉은 이 영화에 처음 등장한 것을 계기로 인기 스타로 주목받았습니다.

〈임자 없는 나룻배〉는 〈아리랑〉처럼 가난하고 힘없는 사람들이 고난을 겪으며 힘들게 살아가는 이야기를 다루고 있습니다. 고난받는 인물의 억울한 심정과 힘든 생활을 바라보면서 개인의 심정을 공감할 수도 있고, 사회적인 분위기를 상징적으로 공감할 수도 있습니다. 영화가 담고 있는 정서를 통해 보는 사람들이 의미를 부여할 수 있다는 뜻입니다.

당시 동아일보 신문에 실린 영화평에는 "조선 민족의 혼이 죽지 않고 빛나고 있음을 암시해준 영화"라고 평가했습니다. 나운규의 연기력은 이 영화를 통해 다시 한 번 빛났습니다. 작품이 좋고 감독의 연출 솜씨가 뛰어나기도 했지만 나운규의 역량은 크게 돋보였습니다. 이규환은 훗날 이에 대해 "참았던 격정이 일시에 폭발하는 순간의 명연기는 정말 대단한 것이었다."라고 찬양했습니다.

1938년 11월 26일, 조선일보는 우리나라에서 처음으로 영화제를 열고, 관객들을 대상으로 무성영화와 발성영화로 나누어 어떤 영화가 좋았는지 투표를 실시했는데, 무성영화 부문에서 〈아리랑〉이 4,947표로 1위, 〈임자 없는 나룻배〉가 3,783표로 2위를 차지했습니다. 나운규가 주연한 두 편의 영화가 1등과 2등을 차지한 것입니다. 그만큼 나운규는 관객들로부터 큰 관심과 지지를 받았는데, 〈임자 없는 나룻배〉가 〈아리랑〉에 버금갈 만큼 좋은 평가를 받은 것은 나운규에게 큰 격려가 되었습니다.

〈임자 없는 나룻배〉의 성공은 많은 성과를 남겼습니다. 우리나라 영화 중에서도 뛰어난 작품이 나올 수 있다는 사실을 또 한 번 확인시켜 주었습니다. 더불어 이 영화를 감독한 이규환은 실력을 인정받았고, 춘삼의 딸 역을 맡은 신인 여배우 문예봉을 발굴한 것도 큰 성과였습니다. 나운규는 이 영화로 옛날의 명성을 다시 한 번 확인할 수 있었습니다.

하지만 이런 성과가 당시 한국 영화계 전체의 사정을 바꾸는 데까지는 미치지 못했습니다. 이 무렵 영화계는 점점 어려워지고 있었습니다. 1932년에는 〈개화당 이문〉과 〈임자 없는 나룻배〉, 〈딱한 사람들〉 세 편을 만드는 데 그쳤습니다. 한 해에 10여 편씩 만들던 1930년과 1931년에 비하면 편수가 많이 줄어들었습니다. 경제 사정이 어려워지고, 영화 제작 여건이 그만큼 빈약했기 때문입니다. 영화계 기반이 약하다 보니 사회적인 분위기가 조금만 나빠져도 심각한 영향을 받았습니다.

상황은 어려웠지만 나운규에게 영화를 만들자는 제의가 꾸준히 들어왔습니다. 영화계 사정이 어려운 만큼 규모가 크거나 특색 있는 영화는 찾아보기 어려운 대신 제작비가 많이 들지 않는 규모가 작은 영화들이 대부분이었습니다. 나운규는 대구영화촬영소가 제작한 〈종로〉를 비롯하여 조선키네마 사가 적은 비용으로 제작한 〈7번통 소사건〉, 〈무화과〉 같은 영화들에 잇따라 출연했습니다. 또한 한양영화사에서 제작한 〈강 건너 마을〉의 감독을 맡았습니다. 예전처럼 나운규가 시나리오를 쓰고 연기와 연출을 모두 맡는 방식은 기대만큼의 성과를 내지 못한다는 것을 알게 되었기 때문인지 이 무렵에는 출연만 하는 경우가 많았습니다. 배우로 활동을 하는 것에 집중한 때로, 이때 만든 영화 중에는 〈아리랑 3편〉도 있습니다.

한양영화사가 제작한 〈아리랑 3편〉은 영화계 안팎의 관심을 모았습니다. 한국 영화로서는 처음으로 발성영화 제작을 시도했기 때문입니다. 당시 영화계의 흐름은 크게 바뀌고 있었는데, 그중 하나가 '말하는 영화'의 등장입니다. 오랫동안 계속돼 오던 무성영화는 점차 사라지고 대신 소리와 대사가 녹음된 영화, 즉 '소리 나는 영화' 또는 '말하는 영화'가 새롭게 등장하면서 인기를 얻었습니다.

초기에 영화가 등장한 이후 오랫동안 무성영화 시대가 계속되었습니다. 영화에 소리를 담는 기술이 없었기 때문에 영화는 소리가 없는 상태로 상영해야 했습니다. 영화의 배경을 이루는 중요한 내용이나 등장인물들이 주고받는 대화는 자막으로 표현했습니다. 그리고 영화의 분위기를 표현하기 위해 극장에서 바이올린이나 피아노를 직접 연주하는 방법을 사용했고, 때로는 영화의 내용을 설명하거나 대사를 읽어 주는 역할을 하는 설명자가 등장하기도 했습니다. 이런 인물을 미국에서는 '영화 설명자'나 '해설자'라고 불렀는데, 우리나라나 일본에서는 '변사'라고 했습니다.

1927년에 이르러 미국에서 〈재즈 싱어〉라는 영화가 발성으로 제작되어 큰 바람을 일으켰습니다. 소리를 개발하려는 영화계의 노력이 〈재즈 싱어〉를 통해 실현된 것입니다. 이를 계기로 발성영화를 제작하는 쪽으로 영화계의 흐름이 바뀌었습니다. 찰리 채플린처럼 말하는 영화는 오히려 영화의 표현을 방해한다며 계속 무성영화를 제작하는 입장을 보인 경우도 있었지만 변화의 흐름을 막지는 못했습니다.

소리가 들어가는 영화를 제작하는 방식은 무성영화와 많이 달랐습니다. 배우들의 연기도 크게 달라졌습니다. 무성영화에서는 동작을 크게 하고 이야기를 단순하게 꾸미는 것이 일반적이었다면 발성영화에서는 등장인물의 생각이나 행동을 말로 표현하는 것이 가능해졌기 때문입니다. 관객 입장에서도 소리가 나고 등장인물이 말을 하는 영화를 보는 것을 더 좋아했습니다. 영화를 상영하는 극장들은 발성 장치가 달린 영사기를 설치하고, 음향 설비를 갖추느라 많은 비용을 들여야 했습니다.

1930년대에 들어서면서 미국이나 프랑스의 영화계는 본격적으로 발성영화 시대로 전환했습니다. 국내로 수입되는 영화들도 발성영화가 점점 많아졌습니다. 한국 영화도 이 같은 변화를 피할 수 없었습니다. 수입되는 외국 영화들은 발성영화가 많아지고, 관객들도 소리 나는 영화를 선호했습니다. 그렇지 않아도 외국 영화들에 비해 기술 수준이 낮고 작품의 질이 떨어진다며 관객들의 비판을 받던 한국 영화는 더욱 힘겨운 경쟁을 해야 하는 처지가 되었습니다.

나운규도 발성영화 제작에 많은 관심을 기울였습니다. 소리를 영화에 활용하는 방안을 찾지 못한다면 영화계 사정이 더욱 어려워질 것이라고 염려했습니다. 어떻게든 새로운 기술을 받아들여 제작에 활용해야 한다고 믿었습니다. 발성영화 제작에 필요한 기술을 배우기 위해 백방으로 노력했습니다. 녹음 장비를 사용하는 방법이나 영상과 소리를 적절하게 합치는 방법을 배우는 데 많은 시간을 들였습니다.

나운규는 이 같은 노력을 직접 영화에 적용하기 위해 발성영화 제작을 시도했습니다. 〈말 못 할 사정〉이라는 작품으로, 나운규가 발성영화를 만들기 위해 애쓰는 사이 '경성촬영소'라는 영화사에서도 〈춘향전〉을 발성으로 제작하는 데 나섰습니다. 의도한 일은 아니었지만 나운규와 경성촬영소가 경쟁하는 모양이 된 셈이었습니다.

하지만 나운규의 기대는 여러 가지 곤란한 처지에 빠지고 말았습니다. 혼자서는 제작비를 투자하기 어려운 상태였기 때문에 투자자를 찾아야 했는데 선뜻 나서는 사람이 없었습니다. 나운규가 만드는 영화를 믿어야 할지, 영화의 내용이 흥행에 적합할지, 발성영화 제작 기술이 충분한지 판단하기가 어려웠기 때문입니다.

나운규의 작업이 주춤거리는 사이 〈춘향진〉은 예정대로 완성되어 상영을 시작했습니다. 1935년 10월 4일, 단성사에서 개봉한 〈춘향전〉은 우리나라 최초의 발성영화가 되었습니다. 〈춘향전〉은 제목 그대로 소설 〈춘향전〉을 영화로 만든 것입니다. 〈춘향전〉은 영화계 안팎으로부터 많은 관심을 받았고, 흥행 성적도 좋았습니다. 무성영화 시대의 첫 장을 〈춘향전〉이 열었던 것처럼 발성영화 시대의 첫 장도 〈춘향전〉이 연 것은 기이한 인연이었습니다.

앞선 기술을 보이고 있는 미국 영화에 비해 아주 만족스럽지는 않았지만 경성촬영소의 〈춘향전〉이 발성영화로 완성되어 주목을 받은 것과는 달리 나운규의 발성영화 제작 계획은 계속 미뤄지면서 끝내 중단되고 말았습니다. 발성영화의 시작에 자신이 새로운 전기를 만들려던 계획이 어긋나 실망스러웠지만 우리 영화계에도 발성영화 시대가 시작되었다는 사실에 동감하며 아쉬움을 달랬습니다.

그런 와중에 한양영화사에서 〈아리랑〉을 발성영화로 만들려는 계획을 세웠습니다. 세 번째 만드는 〈아리랑〉은 나운규가 각본, 감독, 주연을 맡았습니다. 앞서 만든 두 편의 〈아리랑〉에 이어지는 내용으로 구성했습니다. 이 영화는 미친 오빠 영진을 보살피며 어렵게 살아가던 영희가 수리조합공사 기사에게 희롱당하다 목숨을 잃게 되자, 정신을 되찾은 영진이 복수한다는 내용입니다. 1936년 5월 14일, 단성사에서 상영을 시작한 〈아리랑 3편〉은 나운규의 존재감을 새삼스럽게 확인해 주는 역할을 했습니다.

영화에 대한 마지막 열정

1936년 무렵의 영화계 사정은 여전히 빈약하고 답답했습니다. 자본 사정은 별로 나아지지 않았고, 일본의 통제는 더욱 강화되었습니다. 다른 나라들로 세력을 넓혀 나가려는 일본의 정책은 필연적으로 마찰과 대립을 불러일으켰고, 때로는 전쟁으로 비화하기도 했습니다. 이 때문에 일본은 본국은 물론 식민 지배를 하고 있는 한반도에 대해서도 엄격하게 통제했습니다. 영화에서도 일본을 비방하거나 조롱하는 내용, 사회 불안을 일으킬 수 있다고 판단되는 내용에 대해서는 검열을 통해 제한하거나 금지했습니다.

그러나 영화계 사정보다 나운규의 건강이 더 나빠졌습니다. 결핵에 걸려 몸이 쇠약해졌습니다. 당시 결핵은 치료하기 어려운 병으로 인식되던 때였습니다. 1935년 7월 무렵에 기침 증세가 나타났는데, 진찰 결과 결핵이었습니다. 깜짝 놀라 치료에 나섰지만 이미 심각한 상태였습니다. 치료를 위해 애를 썼지만 건강은 점점 나빠졌고, 이듬해 〈아리랑 3편〉을 만들 때는 모두가 걱정할 정도로 병이 깊어졌습니다.

병세가 심각해질수록 영화에 대한 그의 열정은 뜨거워졌습니다. 건강을 회복하기 어렵다고 예상한 것인지 나운규는 더 늦기 전에 자신이 하고 싶은 일을 마무리해야 한다는 생각이 들었습니다. '내 영화 인생을 걸고 오래 기억될 만한 영화를 만들고 싶다.'는 생각을 신념처럼 마음에 품었습니다. 평소부터 가진 신념이었지만 병이 깊어지자 더욱 절실하게 다짐하게 된 것입니다. 살아 있는 동안 자신이 해야 할 일은 좋은 영화를 만드는 것이라고 다짐하는 그의 하루하루는 비장했습니다. 나운규는 이러한 마음 자세로 영화 만드는 일에 모든 노력을 집중했습니다. 그 무렵의 심정을 월간 〈삼천리〉 1937년 1월호에 다음과 같이 밝혔습니다.

지난 1년은 병과 싸웠다. 싸우는 동안에 가끔 치료에 대한 자신감을 잃어버리는 때가 있다. 이런 때마다 영화를 만들어야 한다는 욕심이 100배나 더해진다. 이대로 죽어 버리면 무엇을 남겨 놓는가? 10년 싸워서 남긴 것이라고는 한데 모아 놓고 불 질러 버리고 싶은 작품 몇 개가 굴러다닐 뿐이다.

1924년, 부산에서 〈운영전〉에 단역 배우로 출연한 것을 계기로 영화 활동을 시작한 나운규의 영화 인생은 1937년에 이르러 13년째를 맞고 있었지만 나운규는 앞으로 자신이 영화계에서 활동할 수 있는 시간이 얼마 남지 않았다는 것을 알았습니다. 그럴수록 지난 시절에 만든 영화들에 대한 만족감보다는 새로운 영화를 만들어야 한다는 집념이 솟아났습니다. 몸이 쇠약해지는 만큼 영화에 대한 애착은 커졌습니다. 어쩌면 죽음을 눈앞에 둔 사람만이 느낄 수 있는 삶에 대한 집착과 간절함이 영화에 반영된 것이라고 할 수 있습니다. 〈아리랑〉이나 〈풍운아〉 같은 영화가 나운규의 이름을 빛나게 해 주었지만 지난날의 작품일 뿐 그 뒤를 이을 만한 영화를 만들 수 있다면 보람을 느낄 것이라고 생각했기 때문인지 나운규는 쇠약해진 몸을 이끌며 새로운 영화를 만드는 일을 시작했습니다. 이태준의 소설 〈오몽녀〉를 영화로 만들기로 한 것입니다. 병을 생각한다면 무리하게 일을 시작한 것이지만 나운규는 비장한 각오로 계획을 진행했습니다. 어쩌면 이 영화가 마지막 작품이 될 수도 있고, 더 시간을 끌었다가는 영영 새로운 영화를 만들지 못할 것이라는 생각이 절실했기 때문입니다.

〈오몽녀〉는 어느 평화로운 어촌 마을을 배경으로 구김살 없이 자란 해맑은 아가씨 오몽녀에게 마음을 빼앗긴 마을 남자들이 서로 사랑을 얻으려고 애쓰는 모습을 묘사하고 있습니다. 이 작품에서 나운규는 감독만 맡았습니다. 아픈 모습을 보이고 싶지 않기도 했고, 제대로 된 작품을 만들려면 한 가지에 집중하는 것이 낫다고 생각했기 때문입니다. 나운규는 있는 힘을 다해 〈오몽녀〉를 만들어 갔습니다. 때로 지친 몸을 가누지 못해 촬영 현장에서 쓰러지는 일도 생겼는데 그럴 때마다 의사가 놓아 주는 주사로 기력을 되찾았습니다. 병으로 몸은 약해졌지만 오히려 정신은 더욱 또렷하고 강해졌습니다.

비장한 각오로 진행한 영화 〈오몽녀〉는 마침내 완성되었습니다. 마지막 힘을 다 쏟아부은 열정이 반영되어서인지 평판은 좋았습니다. '나운규의 역작'이라는 평가에서부터 '우리 영화의 나아갈 방향을 제시한 작품'이라는 말이 나올 정도로 좋은 평가가 이어졌습니다. 만족스러운 반응이었지만 그것이 기울어진 나운규의 건강을 되돌리지는 못했습니다.

가뜩이나 건강이 좋지 않은 상태에서 무리하게 작업을 한 탓에 나운규의 건강은 더욱 나빠졌습니다. 언제 쓰러질지 예측하기 어려운 지경에 이르렀습니다. 나운규도 돌이킬 수 없는 지경으로 건강이 나빠지는 것을 알았고, 곧 마지막이 닥칠

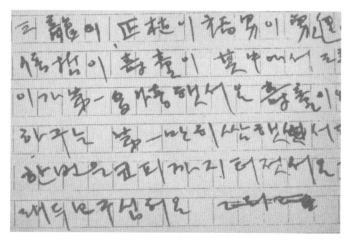

나운규의 유작 시나리오 〈황무지〉의 일부(나운규 육필)

것을 예감했습니다. 그래도 나운규는 멈추지 않았습니다. 몸
조차 가누기 어려웠고, 기침을 할 때마다 피를 토하면서도 다
음 작품을 준비했습니다. 새롭게 구상한 작품은 〈황무지〉, 지
친 몸을 이끌고 대본을 써 나갔습니다. 큰 눈은 더욱 커졌고,
몸은 가시나무처럼 여위어 갔습니다. 나운규는 마지막 힘을
몰아쉬면서 쓰고 또 썼습니다. 하지만 〈황무지〉는 영화로 만
들어지지 못했습니다. 1937년 여름, 나운규가 쓰러지고 말았
기 때문입니다.

1937년 8월 9일 새벽 1시, 나운규는 서른여섯 살의 나이로
세상을 떠났습니다. 한국 영화의 한 시대를 열정으로, 때로는

방황으로 떠돌던 나운규는 그렇게 일생을 마쳤습니다.

시대를 이끌던 위대한 영화인이 세상을 떠났다는 소식에 사람들은 슬퍼하고 안타까워했습니다. 한때 그를 비난하고 욕하던 카프 영화인들조차도 아쉬워했습니다. 영화계나 주변 인물들은 곧 닥칠 일이라고 예상했지만, 막상 현실이 된 슬픈 소식 앞에서 눈물을 훔쳤습니다. 나운규와 영화를 함께 만들며 인연을 맺었던 사람들은 물론 나운규의 영화를 보면서 때로는 환호하고 때로는 실망하며 비난했던 관객들도 나운규의 죽음 앞에서 몹시 슬퍼했습니다.

영화인들은 나운규 장례식을 '영화인장(葬)'으로 치렀습니다. 영화인의 장례식을 영화인장으로 치른 것은 나운규가 처음이었습니다. 살아 있을 때 나운규가 보여 준 열정과 공적에 대한 찬사이자 존경의 표시였습니다.

1937년 8월 11일 오전 8시, 나운규가 살던 관동정(현재의 영천동) 집을 떠난 장례 행렬은 단성사 극장 앞에 멈추었습니다. 그리고 그곳에서 나운규를 떠나보내는 영결식을 진행했습니다. 나운규의 유해는 화장하여 홍제동 화장장에 안치했습니다. 그러다가 나운규 사망 30주기를 맞은 1967년, 영화인들의 노력으로 망우리 공동묘지에 묘소를 마련하여 그의 활동과 공적을 추모했습니다.

국립 대전 현충원의
독립유공자 묘역에 마련된
나운규의 묘소

　현재 나운규의 무덤은 대전 국립 현충원 독립 유공자 묘역
에 있습니다. 1993년, 나운규는 친구 윤봉춘과 함께 독립운
동의 공을 인정받아 독립 유공자로 선정되었기 때문입니다.
젊은 시절 북간도와 회령에서 한 독립운동이 인정을 받은 것
입니다.

　평생을 영화에 몸 바친 나운규는 우리 영화를 개척한 인물
이자 '한국 영화의 아버지'입니다.

나운규의 삶

1902년 10월 27일, 함경북도 회령에서 아버지 나형권과 어머니(이름
        알 수 없음) 사이에서 6남매 중 셋째 아들로 태어남.

1917년 조정옥과 결혼함.

1918년 북간도에 있는 명동학교에 들어감. 장남 종익 태어남.

1919년 3 · 1운동 때 회령 만세 사건을 이끎. 일본 경찰의 수배를 피해
        만주를 거쳐 러시아로 몸을 피함.

1920년 딸 신자 태어남. 북간도로 돌아와 독립군 비밀 조직 도판부에 들
        어가 활동하다가 집으로 돌아옴. 서울(경성) 중동학교에 들어감.

1921년 중동학교에 다니다가 도판부 사건 혐의자로 체포됨.
        2년형을 선고받고 청진 형무소에 갇힘.(3월 5일)
        감옥에서 독립투사 이춘식에게 '춘사'라는 호를 얻음.

1923년 감옥에서 나온 뒤 회령으로 돌아옴.(12월)
        극단 예림회에 들어감.

1924년 안종화의 소개로 부산 조선키네마주식회사에 연구생 배우로
        들어감.

1925년 조선키네마주식회사의 두 번째 작품 〈운영전〉에 단역으로 출
        연하여 영화에 데뷔함.

        〈심청전〉에 심 봉사 역으로 출연함.

1926년 〈장한몽〉에 출연, 촬영을 하다가 불이 나서 다침.(2월)

        조선키네마프로덕션에 들어감.(4월)

        〈농중조〉에 출연, 인기를 얻음.

        〈아리랑〉의 각본, 주연을 맡아 크게 인기를 얻음.(10월)

        〈풍운아〉에서 각본, 감독, 주연을 맡음.

1927년 〈아리랑〉, 〈풍운아〉 필름을 가지고 고향에 감.

        〈야서(들쥐)〉 원작, 각색, 주연을 맡음. 윤봉춘이 이 영화로 배
        우 활동을 시작함.

        〈흑과 백〉에 조연으로 출연함.

        〈금붕어〉 각색, 감독, 주연을 맡음.

1927년 조선키네마프로덕션에서 나와, 자신이 운영하는 영화사 '나운
규프로덕션'을 세움.

첫 번째 작품으로 〈잘 있거라〉를 만듦. 원작, 각색, 감독, 주연
을 맡음.

1928년 〈옥녀〉에서 각본, 감독, 주연을 맡음.

〈사랑을 찾아서〉에서 각본, 감독, 주연을 맡음.

〈사나이〉에서 각본, 감독, 주연을 맡음.

1929년 〈벙어리 삼룡〉에서 각색, 감독, 주연을 맡음.

나운규 프로덕션이 문을 닫음.

1930년 〈아리랑 후편〉에서 주연을 맡음.

〈철인도〉에서 주연을 맡음.

1931년 〈금강한〉에서 주연을 맡음.

〈남편은 경비대로〉에 출연함.

1932년 〈개화당 이문〉에서 감독, 주연을 맡음.

〈임자 없는 나룻배〉에서 주연을 맡음.

극단 '신무대'에 들어감. 연쇄극 〈암굴왕〉 등에 출연함.

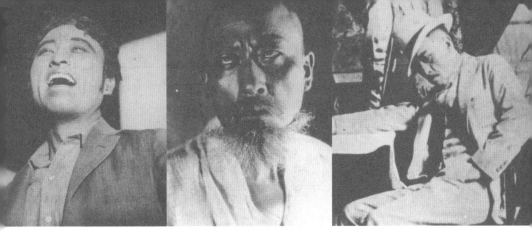

1933년 〈종로〉에서 주연을 맡음.

1934년 〈7번통 소사건〉에서 감독과 주연을 맡음.

1935년 〈무화과〉에서 감독을 맡음.

　　　　〈강 건너 마을〉에서 감독을 맡음.

　　　　〈그림자〉에서 감독과 주연을 맡음.

1936년 〈아리랑 3편〉에서 감독과 주연을 맡음.

　　　　〈오몽녀〉에서 각색과 감독을 맡음.

　　　　〈황무지〉의 각본을 쓰기 시작함.

1937년 8월 9일 세상을 떠남.

　　　　영화인 장으로 장례식을 치름. 홍제동 화장터에 유해를 둠.

1967년 한국영화인협회에서 그의 공적을 추모하기 위해 망우리 공동
　　　　묘지에 무덤을 만듦.

1993년 독립운동 유공자로 인정받아 대전 국립 현충원 독립 유공자
　　　　묘역으로 옮겨짐.

나운규 영화 목록

연도	작품제목	
1925	운영전	출연
	심청전	출연
1926	장한몽	출연
	농중조	출연
	아리랑	원작, 각색, 출연
	풍운아	각색, 감독, 출연
1927	야서	원작, 각색, 출연
	흑과 백	출연
	금붕어	각색, 감독, 출연
	잘 있거라	원작, 각색, 감독, 출연, 제작
1928	옥녀	원작, 각색, 감독, 출연, 제작
	사랑을 찾아서	원작, 각색, 감독, 출연, 제작
	사나이	원작, 각색, 감독, 출연, 제작
1929	벙어리 삼룡	각색, 감독, 출연, 제작
1930	아리랑 후편	출연
	철인도	감독, 출연
1931	금강한	출연
	남편은 경비대로	출연
1932	개화당 이문	감독, 출연
	임자 없는 나룻배	출연
1933	종로	원작, 각색, 출연
1934	칠번통 소사건	각색, 감독, 출연
1935	무화과	감독
	강 건너 마을	원작, 각색, 감독
	그림자	각색, 감독, 출연
1936	아리랑 제3편	원작, 감독, 출연
	오몽녀	각색, 감독